新版

はじめて学ぶ教育の原理

佐藤尚子　影山礼子　飯嶋香織　今井　航
蔭山雅博　佐藤由美　國枝マリ　二見剛史

学文社

執筆者紹介

佐藤 尚子	元 広 島 大 学	[第1章]
影山 礼子	関 東 学 院 大 学	[第2章]
飯嶋 香織	神 戸 山 手 大 学	[第3章]
今井 航	別 府 大 学	[第4章]
＊蔭山 雅博	専 修 大 学	[第5章]
佐藤 由美	埼 玉 工 業 大 学	[第6章]
＊國枝 マリ	津 田 塾 大 学	[第7章]
二見 剛史	志 學 館 大 学	[第8章]

＊は執筆者代表／執筆順

まえがき

　本書は，教職をめざしている学生のみなさんを対象に「教育学」の基礎理論を会得できるよう，さまざまな角度から編集したテキストである。表現は簡潔平易を旨としているが，専門用語も適宜用いながら味わいのある内容となれるよう工夫した。

　教職といっても生涯学習社会を生きる私たちの活動分野は多彩となり，千変万化してゆく世界の現状に呼応して生きてゆくための基礎的能力は日進月歩，常に新鮮な気持ちで心を磨きこんでこそ生まれてくる。私たちは読者のみなさんとともにこれから先も研究を重ね，より善い社会づくりに貢献したいと念願している。

　まず，第1・2章では西洋と日本の歴史を足場に理論を展開している。西洋の思想は現代世界に多大な影響を与えたわけだが，なかでもギリシャのソクラテスやプラトンが説いた哲学は不滅の価値を有するといえよう。人間とは愛知者としての善さや美しさを求めていく存在だと教えてくれた。人間の主体性を重視し世俗的価値を肯定する文化運動がルネッサンス，やがてペタゴジーが出現する。コメニウス，ロックときて，ルソーによる「子どもの発見」は教育学の本質を示した。それは社会改革への大前提となり，公教育制度を生み出していく。

　つぎに，第3・4章では学校を外側から探求している。第2章が日本の歴史を近代公教育に限定したのを受け，第3章では戦後に絞って制度や改革動向を考察した。第4章ではさらに現今の話題とされている地域の文化力まで掘り下げた。「相互の連携及び協力」という教育目標は，これからの地球市民に不可欠なものとなるにちがいない。

つづいて，第5・6章では教育現象を内面からとらえている。社会の変動にともない，教育課程は変革を求められる。私たちは学習指導要領などに表現されている特色に注目しなければならない。教育方法の改善としての「教材開発」に新生面が期待される。

　第7章は国際化，その最前線を範例的に取り上げている。海外・帰国児童生徒，歴史の産物というべき中国帰国者，外国人とくに日系人労働者の子どもたちの存在が，この分野に新しい光をあててきた。外国人学校や国際学校は「地球市民を育てる場」として大事である。

　終章の第8章では，これまで提出された課題を意識しながら，新時代に向けた教育改革について総述した。みなさんもぜひ，「学びの喜び」を体得してほしい。そして，地球市民の舞台に立てるよう本書全体を味読してほしい。

　なお，本書の第1章を執筆された佐藤尚子博士は比較教育史学の権威であり，中国を研究フィールドとしながら，古今東西の学理に注目し，アジア教育学界の中心として私たちをリードしてくださり，本書の刊行にも鋭意力を注がれた。先般召天されまことに残念である。

　執筆陣の共通項は，海外研修体験である。「百聞は一見に如かず」の諺どおり，世界文化と直にふれた感覚で教育現象を吟味し活字にしたいと願ってきた。教育学の目標は理論と実践の調和であることに鑑みて，グローバルセンスで新世界を構築したいという意気ごみは随処に表れていると自負する。

2012年3月

二見　剛史

目　次

まえがき　iii

第1章　西洋の教育思想から学ぶ … 1
第1節　古代ギリシアにおける徳の探求　1
第2節　ヨーロッパにおける教育思想の開花　6
第3節　公教育の発達　12

第2章　日本における近代公教育―その誕生と歩み … 21
第1節　開国・維新と近代化　23
第2節　近代公教育の建設　23
第3節　国民教育の確立と整備　32
第4節　大正デモクラシーと新教育運動　39
第5節　軍国主義体制の強化と教育　43

第3章　現在の学校教育制度 … 49
第1節　戦後の日本の教育　49
第2節　教育法規――教育に関係する法規　52
第3節　日本の学校制度　57
第4節　教育改革の動向　65

第4章　地域社会と学校教育 … 69
第1節　地域社会とは何か――経験を振り返ってみよう――　69
第2節　学校教育における地域社会――教育内容におけるそのとらえ方　74
第3節　地域社会と学校教育との「相互の連携及び協力」　78
第4節　これからの地域社会と学校教育――結びにかえて　84

v

第5章　教育課程を考える　……………………………………… 87
第1節　教育課程の概念　88
第2節　教育課程の変革を求める社会変動　96
第3節　新学習指導要領教育課程の特色と課題　102

第6章　教育方法の開発と技術　……………………………… 107
第1節　教育方法の原理　107
第2節　学習指導の形態　111
第3節　授業づくり——学習指導案の作成　113
第4節　学習指導の技術　120
第5節　教材の開発——学習指導の新しい試み　124

第7章　教育の国際化　………………………………………… 127
第1節　教育の国際化という視点——何が起こっているか　127
第2節　海外／帰国児童・生徒——国際化への扉　128
第3節　中国帰国者の子ども——歴史の産物　135
第4節　外国人労働者の子ども——とくに日系人　137
第5節　外国人学校・国際学校の意味するもの　142

第8章　これからの学習支援——学びの喜び　……………… 145
第1節　教育をとりまく世界　145
第2節　生涯学習社会における教育　150
第3節　学校文化の質的変化　155
第4節　学びの喜びを伝える教育　159

資　料　165
　　　学事奨励に関する被仰出書／教育ニ關スル勅語／日本国憲法（抄）／
　　　教育基本法／学校教育法（抄）／児童の権利に関する条約（抄）
さくいん　179

第1章
西洋の教育思想から学ぶ

　1980年代以降，社会のあらゆる分野で買い手を求めて競争する市場原理が強まり，教育もその例外ではなくなった。公共サービスとして行われてきた学校教育においても「教育の私事化」が進行している。「教育の私事化」とは教育を個人的消費財とみなすことであり（市川昭午『教育の私事化と公教育の解体』2006年），教育を私的な事業とする考えである。たとえば，自分の子どもの将来のために教育をお金で買うという発想が広く社会全体に浸透し，いっぽう，社会の子どもを公費でつまり税金で育てるという公教育の思想が危機に陥っている。公教育はこれからどうなるのか。これからの教育のよるべき原理は何か。ここでは，しばらく，歴史に学んで西洋教育思想の学習をしてみよう。

1　古代ギリシアにおける徳の探求

(1)　ソフィストたち
　人間のあり方への関心の芽生えは，ソフィストたちの活動にみることができる。彼等は，個人的成功を望むアテネの青年の教育を担当した職業教師であり，知恵ある人という意味で，ソフィストと呼ばれた。ソフィストたちは，地理や数学にとどまらず，人間の問題である政治と社会の新知識を授けた。巧妙な弁論術も教授した。「万物は流転する」の言葉を残したヘラクレイトス（前523-475）や「人間は万物の尺度である」といったプロタゴラス（前500-400？）は，高い報酬を取って教授したソフィストである。

プロタゴラスのこの言葉は、すべての尺度は個人の考え方次第であるという個人中心的な人間観と、相対主義的な真理観を示すものである。絶対的な真理や普遍的尺度を認めないとすれば、教育とは世俗的成功のための処世術にすぎなくなる。都市国家アテネでは、ますます道徳生活は個人中心になっていった。ソフィストたちは自己反省や自己省察といった内面的活動を軽視したけれども、転換期のアテネの人々に新しい知識を教授したり、慣習や伝統に縛られない生き方を示したりして、人間に目を向けた教育活動を展開したという点で、その意義があるといえよう。

(2) ソクラテス（紀元前470？-399）

これらソフィストたちに批判的立場をとったのが、ソクラテス（前470？-399）である。ソクラテスは、動乱期のアテネで石工の父と産婆の母のもとに育ったが、その後のことはよくわかっていない。著書を残していないので、その思想に関しても確実なところはわからない。弟子プラトンの著書から知られるところから推測できるだけである。このようにソクラテスについては多くの謎が残っている。けれども、教授するよりも教育した人といわれるソクラテスは、教育史上、最初のそして最大の教師として多くの人々の崇敬の的となってきた。

① 無知の知から徳の探求へ

ではソクラテスはどのような人であったのか。ソクラテスは、アテネの法律を守り、アテネ市民としての義務に忠実であった。兵士として戦争に行き、クサンチッペと呼ばれる悪妻がいたという。ソクラテスはソフィストとして暮らしていたと思われるが、「無知の知」を自覚してからは、ソフィストとは異なる教育活動を開始した。金銭的報酬を求めず、アテネの街頭で、仕事場で、アゴラで市民たちと対話し、積極的な教育活動を開始したのである。しかし、ソクラテスの考えがアテネの市民に十分に理解されないまま、彼は怪しい神を青年たちに広める危険人物と見なされ、死刑に処せられたのである。

「無知」とは、知識が無いこと、何も知らないことである。ソクラテスのいう

知識とは何か。ソフィストのいう知識とは別であることは明白であろう。ソフィストの場合は，政治，法律，地理，数学などであった。しかしソクラテスの場合，無知の自覚というのは，善さや美しさや正義や真理について，本当は何も知っていないということを自覚することである。本当の自分，本当の美しさといった世界の現実存在の奥に横たわる本質についての知識である。

　しかし，ソクラテスはその知識を断定して教え込むことをしない。独断的にならず，知を追求する生き方，知を愛し知を得たいと願う生き方を人間にふさわしい生き方と考えたのである。こうして，ソクラテスは，人々に無知の自覚に立つ生き方を問いかけた。自ら進んで善くなろう，人間の善さや美しさとは何かを考えようと主張したのである。ここには，はっきりとした人間形成観がみられる。人間とは，愛知者として善さや美しさを絶えず求めていく存在である。人間はより高いものを求めるエロス的存在であるというのであった。したがって，ソクラテスによれば，教育とは，ふさわしい人間に向けての働きかけであり，人間を完全な人間に形成しようとする働きかけである。善への認識に達するように，徳に向かって自己形成できるように働きかけをしていくのが教育である。

　② 問答法による真理の獲得

　ソクラテスのまわりにはアテネの青年が集まった。ソクラテスが彼等に教えたのは，無知の知を洞察することであり，自分の知識を吟味することであった。魂の世話をすることを自己の使命として，教育活動を行った。うぬぼれている青年に質問し，その無知を暴露し，青年自身が真理への歩みを始められるような導き方をした。こうしたソクラテスの教育方法は，ソフィストと違っていた。ソフィストのように一方的に知識を振り回わすのではなく，青年たちを対話に引き込み，自分の知っていることを彼らに売りつけるために問うのではなく，真理を生ませるために問いかけるのである。これがソクラテスの問答法であり，知を生ませるという意味で産婆術と呼ばれた。

　ソクラテスの問答法は二段階から成り立っている。まず，相手の思いこみを

論破する段階である。これは陣痛を起こさせる作用になる。俗見や表面的な会話を粉砕し，知的行き詰まりのなかで，新たな知の探求に向かわせる段階である。次に，問う者と問われる者とが協力して，真理を生み出そうとする生産的な段階である。ここにおいて，魂が純化され，魂に生命が吹き込まれることが期待されたのである。論破の段階は，次に生産的な段階がくるための不可欠なものであったが，否定と破壊だけに終わり，第二段階にスムーズに進まない場合もあると考えられる。ソクラテスがアテネ市民の理解を得るのが困難だったのは，この点からの問題があったのかもしれない。しかし，またわれわれはソクラテスを，知識の習得は対話によるという教育方法上の実験をした人として評価したい。そして，教師と生徒という関係ではなく，真理の生産に向かって共同行動をとる仲間同志の関係がそこにあったという点でも特記すべき人物であろう。

(3) プラトン（前 427-347）

　ソクラテスの教えを受けた多くの弟子たちのなかで，プラトンは師の教えを継承した人とされる。プラトンはアテネの名門に生まれ，政治家としての活躍を願っていた。20歳のとき，ソクラテスの魅力に惹かれ哲学研究を始めたが，28歳のとき，師ソクラテスが刑死するという事件が起こった。これを機に，プラトンは政治家志望を断念し，12年の遍歴のあと，アテネ郊外の英雄アカデモスの名にちなむ公園の一角を購入して学校を開いた。「アカデメイア」と呼ばれるようになった学校では，そこの扉に刻まれていた「幾何学を知らざるもの入るべからず」という言葉からわかるように，数学的な認識と結びつけて哲学が教えられていたと思われる。しかし，師弟の自由な討論が重要視されていたのであり，近代市民社会における大学の理念としての学問の自由がアカデメイアに歴史的起源をもつということがいえるであろう。ここで，プラトンは教育に従事しながら，多数の著作を残し，80歳で没した。プラトンの教育思想がうかがえるのは，『ソクラテスの弁明』『饗宴』『国家』などである。なお，アカデメイアは，紀元後529年まで約1千年間存在した。

① 善さの認識

　プラトンの時代は，アテネの最盛期が過ぎ，古い秩序が急速に崩壊しようとしていた。個人主義的な新時代の要求に応じるとともに，都市国家アテネを支える新しい原理と秩序が確立されなければならなかった。プラトン哲学の中心をなすイデア論が，この新しい原理を提供した。師ソクラテスが普遍的なものについての無知の自覚に留まったのに対し，プラトンは，絶対的に普遍的なものが存在するとした。これがイデアであり，善のイデア＝善さそのものが実在するとしたのである。人間の究極目標はイデアの認識に到達することであると考え，イデアの本質を究めることが哲学者の任務であるとした。ここから，人々の精神世界を現実の世界から，イデアの世界へと向かわせてやることが教育であるとしたのである。

　では，具体的にプラトンの教育論はどうなるのか。ソクラテスが，善さとか美しさといった個人的な問題を教育の中心に据えるのに対し，プラトンは，教育を社会的見地に立ってとらえている。スパルタに敗れたアテネの独立と国民の団結に直接役立つ教育を唱えたのである。『国家』にみられる理想国家の教育は，次のようであった。

　第一期の教育は，生後17歳までである。音楽と体操を中心とする初等教育を受ける。音楽は，その実用的な価値に教育目的があるのではなく，精神の訓練をめざす教科とされる。正義という価値観から神話や物語を選んだり，子どもに与える文芸作品の文体を簡潔にしたりして教育上の統制管理がなされる。体操というのは身体の訓練をめざす教科で，山野を跋渉するといった国防のために役立つ教育である。第二期の教育は17歳から20歳までで，体育を中心とする軍事訓練を行い，この教育で成績の優れない者が生産階級になる。第三期は20歳から30歳までで，算術，幾何，天文，音楽の諸科学を学ぶが，ここで成績の優れない者が軍人階級になる。第四期は30歳から35歳までで，支配者となるべく哲学の探求をする。ここで思索により善のイデアを認識する弁証法が教えられる。さらに15年間の政治や軍事の現場経験を積んだあとで，

50歳でやっと哲人としての教育を完了する。

ところで『国家』に示されたプラトンの人間形成観には，ソクラテスの問答法による助産的な教育方法が具体的に描かれていない。覚醒ではなく積極的な指導が，自覚ではなく計画的な指導がなされている。プラトンは，善のイデアを認識させることが最高の教育であるとしたから，カリキュラムをもって統制的干渉的に善のイデアへ指導していくことが必要であったのである。

2 ヨーロッパにおける教育思想の開花

(1) ルネサンス期
① イタリアルネサンス

ルネサンスという言葉は，古典文芸の復興を意味するイタリア語に由来し，のちにフランス語となって普及したものである。14世紀のフローレンス，ローマ，ヴェネチアなどのイタリア商業都市に新しい文化運動が現れ，次第に西へ北へと波及していった。ペトラルカのラテン語，ボッカチオのギリシア語の著作研究からはじまったルネサンスは，中世スコラ哲学を批判し，スコラ哲学の超自然という神的秩序に代えて，自然の秩序そのものを合理的に解明しようとしたのであった。ルネサンスはキリスト教的伝統にたち，中世と連続していたが，人間の主体性を重視し，世俗的価値を肯定しようとする近代のエートスをもっていた。

この現世肯定意識は，いかなる人間を理想としていたのだろうか。ルネサンスにおける古典研究は知識を求めるだけではなく，そこに現れる人間性を究明して，自由な自己を形成するという視点からなされた。イタリアルネサンス運動のなかで，古典古代と同じ人間性が発見され，人間としての完全な発達がめざされた。このような古典研究が人文主義と呼ばれたのであった。これは同時に人間の可能性を学びとろうとするものだから，人間形成の理想は万能人であった。そして，万能の天才であったダ・ヴィンチやアルベルティが実際に出

現したのである。

　アルベルティ（1404-1472）は，フローレンスの豪商出身であったが，広く古典に通じ，法学や戯曲，建築，音楽，絵画，彫刻，数学，天文学，馬術などに巧みであった。母国語で『家政論』を著し，「徳はつねに運命に打ち勝つ」といって，人間の主体性を強調している。都市市民のための教育論として，豊かな古典の教養，家政経理や交際術などの生活実務能力，従来無視されてきた均斉のとれた肉体の発達のための体育，教育方法として体罰の否定がみられる。人文主義者たちの研究を支えたのは新興勢力であった大商人であったが，アルベルティの教育論は，支配階層だけではなく，広く人間として必要な教養を配慮している。このように，ルネサンスには人間的なるものへの追求がみられ，中世の神中心主義から人間中心への脱皮をもたらしたのである。

　② 北方ルネサンス

　ルネサンスは，経済的基盤の整いつつあったアルプス以北の国々へイタリアよりほぼ1世紀遅れて広まった。北方ルネサンスといわれる。イタリア人文主義者たちの名声が知られ，彼等との交流，活字本の普及，戦争に伴う接触などがあったからである。イタリアの人文主義者はローマ教皇の保護を受けるなど宗教のあり方に関して無関心であったが，北方ルネサンスはカトリックの教会制度への批判を展開している。古典古代への関心は同時に原始キリスト教を知るきっかけになったからである。特にオランダやドイツでは，ルネサンスは宗教改革への準備と密接な関係をもって進行した。オランダやドイツの人文主義者達は，原始キリスト教を理解しようとして新約聖書を研究した。また，精神的自立を求めて教育問題に対し深い関心を示した。

　その代表がエラスムス（1469-1536）である。彼は，オランダで教育を受けたあと，僧侶となったが，パリ，ローマで古典を研究し，渡英してケンブリッジ大学でギリシア語を教えた。その後も各国を遍歴したが，やがて著述に専念し，聖書の吟味をはじめスコラ哲学の欠点を明らかにした。彼は多くの著作によって，ルネサンス教育思想の第一人者となった。彼の教育論は，『学習方法論』

や『児童教育論』で紹介されている。エラスムスは、学問的教養のある世俗人の育成を目標にし、早期教育と愉快な学習法を強調した。彼は、子どもを導く基礎は家庭にあるとし、訓練をおだやかにし、学習を楽しくさせ、絵画などを利用すべきであるといい、有能な教師の必要性を説いている。また、僧院学校での鞭打ち教育に反対し、ただ服従を強いるために子どもを鞭打つことを非難している。

(2) ペダゴジーの出現

ルネサンスと宗教改革のあと、ヨーロッパでは教授学が流行した。17世紀における自然科学の発展を受けて、効率よく教えるための技術が求められたのである。万人に楽しく万事を教える技術として世界初の絵入り教科書『世界図絵』を著したコメニウス (1592-1670) が有名である。その後、市民革命の時代を迎え、理想の人間像が多くの思想家たちによって語られるようになった。その理想の人間に到達するために、いかに教育すべきかを語るいわば思弁的な教育論が花開くのである。このような理想主義的な観念的な教育学をペダゴジーと呼ぶ。

① ロック (1632-1704)

社会契約説に基づく国民の権利を説くことによって、名誉革命はもちろん、アメリカ独立戦争やフランス革命にも大きな影響を与えたロックは、政治、哲学、医学、教育などの学問分野においても著しい業績を残した。『人間悟性論』で展開されたロックの認識論は、デカルトの生得観念説を否定し、人間の観念はすべて経験に由来することを主張するものであった。それによれば、人間の精神はもともと白紙のようなものであるとされ (タブラ・ラサ)、教育とは白紙の状態にある精神に観念を書き込む行為であると考えられた。これは、教育における身分制を打破し、人間の限りない発達可能性に関する理論を提供したのである。

教育思想家としてのロックの名を高からしめた『教育に関する若干の考察』

（1695年）は，ルネサンス期に生起したいわゆる紳士教育論の系譜に連なるものであるが，その根底にあったものはこのような認識論であった。たとえば，その序文に記された次のような主張はそれをよく示している。

　私達の出会う人間のうち十中八九は，善人であれ悪人であれ，また有用な人であると否とを問わず，彼等の受けた教育によって今日の状態になったと言えるだろう。教育こそ人間に大きな違いをもたらすものである。あどけない幼児の頃に受けたささやかなほとんど感じない位の印象でさえも，きわめて重大な永続的な影響を与えるものである。

ところで，このような紳士教育論はその本質において本来，家庭教育論であることを重要な特質としている。すなわち，理性的自由人の形成をめざすジェントリー子弟の教育は公権力に委ねられるものではなく，両親の義務と権利であると考えられたのである。このような私事としての教育というロックの主張のなかに，近代市民社会における公教育原理の原型を認めうるのである。そしてロックは「子どもは親に依存し，親の権力の下にある」というように，家長の従属物としての子どもに対する絶対的権威を主張している。また，ロックは「貧民児童のための労働学校計画」（1697年）を発表し，貧民大衆の子どもは，体制への馴致が彼等の唯一の教育であるとしているが，教育的発達を顧慮しないロックの子ども観がここからわかるであろう。

② ルソー（1712-1778）

ルイ14世の治世は，学問や諸芸術が華やかに開花したが，これらの文化はごく少数の人々が享受したにすぎなかった。次のルイ15世の時代は，比較的安定した国内政治のもとで経済発展をとげ，ブルジョアジーが台頭してきた。彼等による絶対王政への批判が啓蒙主義の思想運動であった。啓蒙主義者達は，既成の秩序等を自然の光である理性のもとに照らしだしたのである。啓蒙主義者たちは，教会の支配下にあった教育の目的や方法を鋭く批判したので

あった。啓蒙主義の教育思想は，ルソーの『エミール』(1762年)のなかで明確に述べられている。

ルソーは，フランス系スイス市民としてジュネーブに生まれ，長い放浪生活のあと，パリで思想界にデビューした。ディジョン市アカデミーの懸賞論文「学問と芸術の進歩は道徳を純化させるのに役立ったか」に入選したからである。この論文で，ルソーは学問芸術の進歩は道徳の退廃をもたらすとして批判し，鋭い文明批判を行った。その後，アンシャン・レジーム下のフランス社会を批判し名声を得ていった。そして，ルソーは，社会の変革と同時に人間の変革をも要求したのである。

消極教育　『エミール』は，ルソーが教師として孤児エミール少年を，誕生から結婚にいたるまで教育する過程を描いた一種の教育小説である。このなかで，ルソーは新しい人間をつくる新しい教育の特色ある諸原則を展開している。第一に，教育の目的としての自然人の主張である。『エミール』第一編冒頭で「万物をつくる者の手をはなれるときすべてはよいものであるが，人間の手にうつるとすべてが悪くなる」(今野一雄訳『エミール』上，岩波文庫，23頁)と述べて，人間は自然の秩序のもとで自愛心と思いやりの両立する生活をしていたとした。しかし，人類が国家のある状態，社会状態へと移行するとともに，社会環境によって自愛心は利己心へと堕落したという。したがって，社会のあらゆる人為的なものを排して，自然に帰れと主張したのである。「自然の秩序のもとでは，人間はみな平等であって，その共通の天職は人間であることだ。」(同上書，31頁)と考えたルソーは，教育の目的は，人間を社会環境に適合させることではなく，社会によってゆがめられた人間を自然人にすることとしたのである。それは，自由と規律，個人の利益と社会全体の利益とを両立させることのできる人間をつくることであった。

第二に，教育の方法として「消極教育」を主張した。人間はその本性において善であるという立場から，子どもの自然の素質はそれ自身を完全なものに発展させる能力をもっているとした。このような自然の善性を守り育てること

が教育の課題であるとして，外部からのよけいな干渉を排したのである。精神を早熟にさせ，児童に大人の義務を教えるような教育を積極教育として排除したのである。ルソーは，教育を自然の教育，事物の教育，人間の教育に区別した。事物の教育とは経験によって獲得されるものであり，人間の教育とは人間によって外から与えられる教育であるが，自然の教育とは人間の能力や器官の自然な発展であり，人間の力では操作できない。完全な教育にはこれら三つの教育の一致が必要であるので，人為的にどうすることもできない自然の教育にほかの二つを合致させなければならない。したがって，教育方法は子どもの心身の成長発達の過程に即したものでなければならないという。

子どもの発見　第三に新しい子ども観を打ち出したことである。ルネサンスは人間を再発見したが，このことは子どもの発見を意味しない。「小さな大人」にすぎなかった子どもが，独自の価値をもつ存在として発見されるのはルソーによってである。ルソーは『エミール』(同上書，18頁)で次のように述べている。

　人は子どもというものを知らない。子どもについてまちがった観念をもっているので，議論を進めれば進めるほど迷路に入り込む。このうえなく賢明な人々でさえ，大人が知らなければならないことに熱中して，子どもにはなにが学べるかを考えない。かれらは子どものうちに大人をもとめ，大人になるまえに子どもがどういうものであるかを考えない。

ルソーは発達段階に即した教育を主張し，それぞれの段階にふさわしい固有の成熟があるとした。こうしてルソーは，子どもの価値と権利を明確にし，子ども期の適切な発展をめざす近代的な子ども観を打ち出したのである。

ルソーの人間形成論は，教育によって人間の尊厳を確立しようとするきわめて近代的なもので，そこには，児童中心主義，合自然，労作教育，自発性，経験などの諸原理が包含されている。ソクラテス以降のさまざまな人間形成論が，ルソーによって克服されるとともに，ルソーの人間と教育についての理論は後

世の教育思想に大きな影響を与えたのである。彼の理論は，ペスタロッチ，フレーベル，デューイと受け継がれ，近代教育学を形成した。また，バセドーやザルツマンを中心とする汎愛派にも受け継がれて，教育現場にも大きな影響をもたらしたのである。

3 公教育の発達

18世紀から19世紀にかけてのヨーロッパでは，公教育と呼ばれる普通教育が普及していった。この頃に形成された国民国家が，教会や慈善団体に代わって国民教育の担当者となっていったからである。国民国家の精神は，ナショナリズムに基づき，その政治は民主主義に基づき，その経済は資本主義に支配されるようになっていった。このような国民国家を支えるのは，よく訓練された官僚と軍隊と国民とである。国民が読み書きできることは近代国民国家の前提となり，教育が国家の重要な政策に組み込まれていくのである。こうして，国民国家の人材養成装置としての公教育は，世俗制，就学義務制，義務教育の無償制を発展させながら，19世紀後半にはヨーロッパ主要国で現代の教育の原型として形成されたのであった。それでは，今日の常識となった公教育がどのように成立してきたのか。その過程は国によって複雑であるので，国ごとにその成立要因をみてみよう。

(1) 公教育制度の出現
① ドイツ

公教育思想の萌芽は，ドイツにおいて最も早くみられる。それは，ルターに始まる宗教改革のなかからである。ルターによれば，聖書によって人間と神とは内面的に強く結ばれるとし，万人司祭説を主張した。この万人司祭説を実現するためには，すべての民衆の教育が必要であった。ルターは，新約聖書のドイツ語訳を始めるとともにカテキズム（教義問答書）を作成し，学校を多数設立

するよう働きかけた。そして、この学校では、すべての子どもたちに週1～2時間、聖書とドイツ語を学ばせよと主張したのである。このように、学校教育の義務制を主張したので、ルターには近代公教育の思想がみられるといえよう。

ルターの公教育観はキリスト教に由来するものであり、世俗制とは異なる性格をもつが、ドイツ諸国に影響を与えた。ゴータ公国では、絶対主義国家の側からする義務教育規定が設けられている。ゴータ公国エルンスト公によるゴータ教育令（1642年）では、いずれの土地においても5歳に達した児童すべてを就学させる義務が定められ、就学義務不履行に対する罰則が規定されていた。絶対主義国家の民衆教育への関与は、プロイセンにおいて最も積極的に行われた。読み書きのできる民衆、兵士や下士官を軍事国家プロイセンは必要としていたからである。プロイセン王国2代目のフリードリッヒ＝ヴィルヘルム1世は、1717年義務就学令を発した。5歳から12歳までの就学期間を定め、課程主義をとっていた。次いで、フリードリッヒ2世は1763年「一般地方学事通則」を発した。これは、教師の任用、教科書、教育課程など細かい規定をもっていた。これによって、プロイセンの初等教育は国家の管理下におかれることになり、学校は国家の機関となったが、すべての国民が教育を受けるという状況にはほど遠かった。

② フランス

フランス革命は封建的な社会の仕組みを一掃し、絶対王政を打破して近代市民社会へと発展させたが、この革命の内部には二つの勢力が対立していた。一方は、地主と上層市民との勢力であり、もう一方は中下層市民と農民層との勢力である。前者がジロンド派であり、後者がモンターニュ派である。ジロンド派の教育改革論がコンドルセ案であり、モンターニュ派の教育論がルペルチェ案である。

フランス立法議会は、コンドルセ（1743-1794）を委員長とする公教育委員会をつくり、1892年、この委員会の案がコンドルセによって議会に提案された。これが「公教育の全般的組織に関する報告および法案」であり、コンドルセ案

とも呼ばれている。コンドルセ案は次のような内容をもち，民主的な公教育の原則を示すものとなった。

　　・単線型学校体系　　　・男女共学　・すべての教育の無償制
　　・教育行政からの政治権力の排除　　・教育の機会均等

　コンドルセは，教育を受ける権利を自然権として制度化しようとしたのであったが，同時に教育の自由を尊重する立場から，学校の機能を知識の教授という知育に限定し，教育内容への権力の介入を禁止している。したがって，コンドルセ案では親の自由を尊重し，義務就学制を制度化していない。

　しかし，コンドルセ案は戦争のなかで廃案となり，革命の進展のなかで，1893年，ルペルチェ案が議会に提案された。ルペルチェ（1760-1793）の『国民教育案』がこれであるが，ルペルチェはその半年前に，ルイ16世の死刑執行の翌朝，王党派によって暗殺されている。ルペルチェ案は，貧困者の教育機会を保障するために国民教育舎の設置を提案している。国民教育舎では，すべての子どもが共和国の費用で同じ食事，同じ衣服，同じ教授を受けるとされ，親権の恣意的な行使から子どもを保護する意図をもっていた。議会を通過したこの案は，まもなく実行不可能として廃止されたという。

　③　イギリス

　イギリスにおける公教育の起源は，貧民救助のための強制課税，貧困児童への職業訓練などのなかにみられるが，貧民の教育に限定された例外的な国家関与であった。一般民衆教育への国家関与が行われるようになるには，産業革命を経なければならなかった。18世紀後半から工業社会へ変貌を遂げたイギリスには児童労働問題が発生した。産業革命によってもたらされた児童の悲惨な状況に対して，家父長主義的な政策がとられ，1802年「徒弟の健康および道徳に関する法律」が制定された。これは世界初の工場法であり，救貧法から工場法へと社会政策が展開したのであったが，このなかに教育条項が含まれていた。それは，労働時間の一部を工場内の学習に充てることを工場主に義務づけたものである。その後の工場法には，9歳未満の児童労働禁止，13歳

未満の週12時間学校出席などの教育条項が規定されている。このように，イギリスにおいては，工場法というかたちで国家が教育に関与していくのである。

「人間は環境の子である」と考えていた工場経営者オーエン (1771-1858) は，スコットランドのニューラナークで労働条件の改善に自ら取り組むとともに，1816年工場内に「性格形成学院」を設けた。この学校は，労働者階級の子どもたちのためによい習慣の形成をめざしたものであり，託児所と学校の両方の機能をもっていた。

また，不就労の児童を対象とした週日学校が民間でさかんになったのも19世紀になってからである。このような学校は，助教法（モニトリアルシステム）を採用し，少数の教師で多数の児童に簡単な3R'sなどを教えていた。助教法は，ベルとランカスターがほぼ同時に発明した教授法であり，児童のなかから学習に長じた者をモニターとし，そのモニターが多数の児童に教えるというかたちをとっていた。このように，民間の自発的教育を待つというボランタリーの原則があって，イギリスでは公教育制度の取組みが遅れたが，19世紀末には整備されて成立したといってよい。

(2) 民衆のための教育
① ペスタロッチ (1746-1827)

このようにして，すべての子どもの発達可能性と教育可能性が理念として確立されてきたが，この理念を実践していくための理論はまだなかった。ドイツ教育学の果たした役割は，教育可能性の理念を確実に展開する理論と方法を提供したことである。

ペスタロッチはスイスのチューリッヒで生まれた。当時のスイスでは産業革命と市民革命が同時に進行し，人々の生活は大きく変化していた。スイス駐留ナポレオン軍が焼き払って多くの孤児がうまれたシュタンツの町の教育施設の経営を依頼されたり，ブルクドルフの町で教師として働いたりした。このような経験のなかから，民衆の子どもたちの人間的能力を発見し，子どもたちの発

達を導く「自然」を発見したのである。

スイス社会の変化のようすをペスタロッチは小説『リーンハルトとゲルトルート』(1781年)で次のように書いている。

> 百姓にとっては家畜小屋や脱穀場や森や畑が本当の学校でした。そして彼の行くところ，立ち止まるところ，至るところに多くのなすべき仕事があり，学ぶべきことがあったのです。ですからいわば学校なんかなくても，立派な一人前の人間になれたのです。ところが今日の，糸紡ぎにでている子供達や，坐りっぱなしで同じ事を繰り返す仕事をしてパンを稼がなければならない人達の場合には，事情はまったくちがっているのです。(略)そして領主様よ，こんな紡ぎ労働で腐敗した親達が，自分の子供達を秩序ある思慮深い生活をさせるようにうまく育て上げることなど，出来るはずがありません。

生活が陶冶する ペスタロッチが取り組んだのは，スイス社会のこのような変化がもたらした課題であった。それは，民衆の教育可能性の理念を実践していくための理論と方法を提供することになった。彼は『隠者の夕暮』(1780年)のなかで，「玉座の高きにあっても木の葉の蔭に住まっても人間の本質は同じである」といっているが，これがペスタロッチの根本的な人間観である。そして人間の能力とは『白鳥の歌』(1825年)によれば，精神力，心情力，技術力の三つである。頭によって象徴された精神力の教育が知識の教育である。心臓によって象徴された心情力の教育が道徳の教育であり，手によって象徴された技術力の教育が技術の教育である。これら三者の諸能力が相互に関連しあいながらも，道徳の教育によって統一されるとしている。

ところで，ペスタロッチは上の諸能力は家庭の居間の中で陶冶されるとしている。『リーンハルトとゲルトルート』のなかで，ペスタロッチは賢い母親ゲルトルートの家庭とその教育を描いている。

彼女は紡いだり縫ったりしながら子供達に数えたり計算したりする事も
　　教えた。(略) 彼女の方法は，子供達が紡いだり縫ったりしながら，あちら
　　側とこちら側から交互に糸の数やステッチの数を数えたり，ときどき違う
　　数の糸目をとばしたり，加えたり，ひいたりさせることだった。

　このような家庭教育のもつ長所は，学校教育によって模倣されなければならないのである。彼は，ノイホーフ貧民学校やシュタンツ孤児院，ブルクドルフやイフェルドンの学校などで実践し教育方法を開発していく。『白鳥の歌』のなかにみられる「生活が陶冶する」という言葉のなかに，ペスタロッチの人間形成観が表明されている。
　これは，狭い職業教育ではない。ペスタロッチが示したのは，実生活の必要と結びついた教育によって，誰もが人間形成の機会を得て，スイス民衆が自己の生活を立て直していく道であった。生活と教育の結合について，『隠者の夕暮』の中でペスタロッチは次のようにいっている。

　　　本当の真理観は身近な生活圏の中で生まれる。そして本当の人間の知
　　恵というものは，自分のもっとも身近な境遇についての知識と，もっとも
　　身近な問題を処理する錬達した能力とを土台として成り立つものである。

　直観教授法　このような家庭の居間の中での教育は，ペスタロッチによれば直観の方法と呼ばれるものである。それまでヨーロッパ各地では，コメニウスやルソーなどによって子どもの教育のあり方が模索されてきたが，教育方法はまだ研究も実践も不十分であった。ペスタロッチの『メトーデ』(1800年)，『ゲルトルート児童教育法』(1801年)，『直観のいろは』(1803年)で示された直観教授法は，新しい教育を求める世間の人々に受け入れられ，彼の学園は訪問者で盛況を呈するほどであった。直観教授法は，教育の単なる方法ではなく，すべての子どもに内在するとされる人間性の開発のためのものであった。認識対象

としての事物の本質は，数と形と語からなり，この事物の本質をとらえるものが直観である。したがって，直観教授法は感覚的印象から概念形成にいたる認識を訓練する教授の方法原理である。しかし，実物教授という感覚的な方法のところだけが直観教授法として展開され，受け入れられてきたのであった。

② フレーベル（1782-1852）

フレーベルは，牧師の家に生まれ，フランクフルトにあるペスタロッチ主義の学校の教師をしていた。当時のプロイセンドイツでは，「三月革命」前の反動の嵐が吹き荒れていたが，フレーベルはきわめて革新的な教育論を提起した人である。二度にわたってイフェルテン学園にペスタロッチを訪ねたフレーベルは，ペスタロッチの思想と実践に強く惹かれると同時に，フレーベル独自の教育論に目覚めた。1817年，カイルハウに「一般ドイツ教育舎」を開設し，1826年には主著『人間の教育』を公刊した。フレーベルはようやくその名を知られるようになっていたが，学園経営に失敗し，各地を転々とした。晩年は，幼児のための遊具や教材の考案と普及に貢献した。1840年，世界最初の幼稚園を創設し，幼児教育と保母養成に努めた。その結果，幼稚園が各地に設立されるようになったが，反動的なプロイセン政府により幼稚園が禁止され，彼は失意のうちに生涯を閉じた。

ペスタロッチと違って，フレーベルの思想は次のような神秘的傾向やロマン主義的傾向を特色とする（荘司雅子編『現代西洋教育史』27-28頁）。

（一）子どもは神性をもつ。したがって，真の教育は子どもの自己活動を保護し助成することであって，決して命令的干渉的であってはならない。

（二）生命の連続発展としての教育観に立って，生活準備としての教育観は否定されるべきである。

（三）労作は人間の内面的な創造活動であり，自己の本質をあらわすとともに，人間が神にちかづく手段となる。

（四）子どもの全我活動が遊戯である。遊戯はすべて，善なるものの出てくる源泉である。

フレーベルは，単純な形をもつが象徴的であるとされる，遊具としての「恩物」を考案した。第一恩物は六色のボールであり，第二恩物は木製の球，立方体，円筒である。ボールは万物の原型として，統一性と完結性とを示し，宇宙の永遠の法則を象徴するという。木製の球は堅固性を象徴し，立方体は安定性と多様性を象徴する。円筒は，球の堅固性流動性と同時に立方体の安定性を象徴するという。このように，フレーベルは，子どもの心に万物の根底を成す普遍的なもの永遠的なものを刻印させようとしたのである。

参考文献
- 田中美知太郎著『ソフィスト』講談社学術文庫，1979年。
- ルソー著，今野一雄訳『エミール』（全3冊）岩波文庫，1981年。
- プラトン著，藤沢令夫訳『国家』（全2冊）岩波文庫，1993年。
- ペスタロッチ著，長田新訳『隠者の夕暮　シュタンツだより』岩波文庫，1993年。
- プラトン著，久保勉訳『ソクラテスの弁明』岩波文庫，1998年。
- 小笠原道雄著『フレーベル』（人と思想シリーズ）清水書院，2000年。
- 松塚俊三著『歴史のなかの教師―近代イギリスの国家と民衆文化―』山川出版，2001年。

第2章
日本における近代公教育―その誕生と歩み

―― 日本の教育の過去を見つめるということ ――

「歴史は，現在と過去の対話である」（歴史哲学者E・H・カー）
「過去に目を閉ざす者は現在にも盲目となる」（ヴァイツゼッカー元西ドイツ大統領）

　教育の「人間形成」という機能を理解し，現在当たり前とされている教育を問い直す力を養うためには，歴史的洞察が必要である。なぜなら，先人も語るように，現在というものの意味は，孤立した現在においてでなく，過去との関係を通じて明らかになるものだからである。
　人間は個人的存在であるとともに社会的存在であって，社会の発展のなかに存在している。そのため教育は，社会的に歴史性を担いながら運営される。なかでも公教育は，等しく権利をもった国民のためのものであるので，私的な教育と異なり，国家との関係のなかに，教育の理念や制度が成立する。
　本章では，明治維新から第二次世界大戦敗戦までの日本の公教育の発達をたどる。その際，教育の機会均等，教育権の所在，義務教育，政治的中立と宗教的中立，法律主義の原則といった公教育の諸理念のあり方について，また国家と教育の関係，国際的環境などは現在とどう違ったのか，といったことに注目して学ぶことが大事である。そして，その意義と限界を確認して，今後に伝えることは何かを改めて考えてほしい（表2-1参照）。

第2章 日本における近代公教育―その誕生と歩み

表2-1 〈日本の近代化と教育〉年表

教育事項	西暦	(年号)	一般事項
「五カ条の誓文」	1868	(明治1)	
文部省設置。スコット来日	1871	(明治4)	廃藩置県
「学制」頒布。福沢諭吉『学問のすゝめ』。師範学校創設	1872	(明治5)	徴兵令。地租改正
モルレー来日。田中不二麻呂『理事功程』	1873	(明治6)	
元田永孚「教学聖旨」。教育令公布	1879	(明治12)	
教育令改正。この頃、徳育論争活発化	1880	(明治13)	自由民権運動の活発化
「小学校教員心得」。「学校教員品行検定規則」	1881	(明治14)	
『幼学綱要』	1882	(明治15)	
森有礼初代文部大臣	1885	(明治18)	内閣制度成立
諸学校令公布(帝国大学令、小学校令、中学校令、師範学校令)	1886	(明治19)	
	1889	(明治22)	大日本帝国憲法公布
「教育勅語」渙発	1890	(明治23)	帝国議会開設
「小学校教則大綱」	1891	(明治24)	
井上毅文相。実業補習学校規程	1893	(明治26)	
高等学校令	1894	(明治27)	日清戦争(～1895)
	1896	(明治29)	台湾植民地経営
師範教育令	1897	(明治30)	
中学校令改正。実業学校令。高等女学校。私立学校令	1899	(明治32)	
小学校令改正(義務無償4年)	1900	(明治33)	
専門学校令	1903	(明治36)	
小学校教科書国定化	1904	(明治37)	日露戦争(～1905)
小学校令改正(義務無償6年)	1907	(明治40)	
	1910	(明治43)	韓国併合。大逆事件
	1914	(大正3)	第一次世界大戦(～1918)
臨時教育会議設置	1917	(大正6)	ロシア革命
大学令。高等学校令。鈴木三重吉『赤い鳥』創刊	1918	(大正7)	
啓明会結成(最初の教員組合)。この頃、新教育運動活発化	1919	(大正8)	
盲学校、聾唖学校令公布	1923	(大正12)	関東大震災
陸軍現役将校学校配属令(軍事教練)	1925	(大正14)	普通選挙法。治安維持法
青年訓練所令。幼稚園令	1926	(大正15)	
	1927	(昭和2)	金融恐慌
	1929	(昭和4)	世界恐慌
	1931	(昭和6)	満州事変
	1932	(昭和7)	5・15事件
赤化教員一斉検挙始まる	1933	(昭和8)	国際連盟脱退
青年学校令。教学刷新評議会設置	1935	(昭和10)	天皇機関説事件
	1936	(昭和11)	2・26事件
文部省『国体の本義』。教育審議会	1937	(昭和12)	日中戦争
青年学校男子の義務制実施	1939	(昭和14)	
国民学校令。大学、専門学校等の修業年限短縮	1941	(昭和16)	アジア・太平洋戦争始まる
中等学校令(年限短縮)。学生生徒の徴兵猶予停止。師範教育令改正	1943	(昭和18)	(～1945)
学童の集団疎開。学徒勤労令	1944	(昭和19)	
決戦教育措置要綱(国民学校初等科を除き、4月より1年間授業を停止する)。戦時教育令	1945	(昭和20)	広島・長崎に原爆投下。敗戦

影山礼子作成

1　開国・維新と近代化

　明治維新とは，欧米列強国によるアジアの植民地化という19世紀後半の国際的状況のもとで，アジアの一小国である日本が独立国家として発展していくために，それまでの封建的な幕藩体制を西欧近代の国民国家をモデルとした社会・国家体制へと，急速に切り替えた大規模な社会変革であった。

　明治新政府の指導者たちは，「富国強兵」，「殖産興業」をスローガンとし，欧米の近代文化の積極的導入を図った。そのため，欧米文化の外面的，物質面の摂取は急速に進んだ。しかし，精神面においては，日本の伝統文化との間に激しい対立，相剋が生じた。日本における近代化とは，これらの対立と相剋の克服，あるいは，その妥協と折衷の過程であるともいえるのである。

　たとえば，国家と個人の関係に注目してみると，天皇主権のもとでの独立と繁栄が近代化の第一の目標とされたがために，国民一人ひとりの福祉はあまり重視されなかった。また，基本的人権や普遍的な人類愛といった近代的な思想も，天皇制下の家族主義的国家観の支配のなかで，ほとんど育たなかったといってよい。特に第二次世界大戦中は，超国家主義思想がはびこり，欧米的な自由主義・民主主義思想や社会主義思想は，極端に排斥された。

　「学制」に始まる日本の公教育制度の成立・整備・拡大は，このような性格をもつ日本の近代化過程の枠内にあり，その一翼を担うものであった。

2　近代公教育の建設

　1871（明治4）年，廃藩置県が断行されて強力な中央集権的国家体制が敷かれると，政府は教育による人材養成に大きな期待をかけて，新たに文部省を設置した。これにより，全国の教育行政を統括する本格的な機関が生まれ，以後，日本の教育体制は，文部省を中心とする行政主導のもとに急速に整備されてい

くことになった。それは西洋近代の公教育体制が，国民の人間としての教育要求に対して行政がそれへの援助や奉仕の役割を果たす，というかたちで確立されてきたことと比較して，著しい対照をなすものであった。

(1) 「学制」の成立

ただちに文部省は，全国民を対象とする教育制度を設けるために学制の起草に着手し，1872（明治5）年，学制（全篇213章）を全国に頒布して日本の近代的教育制度の基礎を固めた。この新しい制度を設けるにあたっては，欧米先進諸国の教育にモデルを求めなければならなかった。特に影響を受けたのは，フランスの教育制度とアメリカ，イギリスの功利主義的教育思想であったが，当時の文明開化論の代表的提唱者であった福沢諭吉の「一身独立して一国独立す」という考え方が多分に取り込まれているといわれる。

① 「被仰出書」

学制の教育理念は，前文として公布された太政官布告「学事奨励に関する被仰出書」（巻末資料）に明らかに示されている。それは従来の儒教思想による教育観や学問観，封建的な身分制を否定し，欧米近代思想に基づく個人主義，実学主義の立場をとり，近代的な市民の資質の形成をめざした。

理念の特質は，第一に国民皆学である。従来，学問は武士階級以上のものであったが，今後は女子も含めてすべての国民が学ぶべきとされた。特に小学校には男女の別なく子ども全員を就学させる必要があると説いた。すなわち，性別や身分制による学問や教育の差別を否定した。第二は，功利主義的個人主義の教育観・学問観である。学ぶ目的を個人の立身や治産昌業に求め，そのために身を修め，智を開き，才芸を伸ばす必要を説いた。第三は，教育内容の実学主義である。それまでの儒教的な教育内容を否定し，読み書き計算をはじめとして，法律，政治，生物，天文，医学など，人間の営みに実際に必要な知識や技術を重視した。第四に，教育の受益者負担の原則である。個人主義と実学主義に基づいて学校教育を受け，それによって将来利益を受けるのは個

人であるから，授業料その他の費用は，国に依存することなくすべて個人の負担とした。

② 単線型の学校系統

以上の学制の教育理念は，単線型学校制度の採用にも反映されている。学校系統は，小学校（下等小学4年，上等小学4年），中学校（下等中学3年，上等中学3年），大学（年限規定なし）と別枠の師範学校とし，8・6・大学制の3段階からなる単一の系統であった。学校は国家の近代化推進のための機関として制度化されつつも，これによって国民には，男女，身分，貧富の別なく，国民全体に開放され，四民平等の立身出世の道が開かれたのであった。

③ 中央集権的行政組織──学区制

学制において特に注目すべきは，その中央集権的行政組織である。それは，一般行政区域とは別に全国を8大学区に分けて，各学区ごとに大学校1校をおき（総数8），1大学区を32中学区に分けて中学校を各1校おき（総数256），1中学区を210学区に分けて小学校を各1校おく（総数53,760）構想であった。これらを文部省が統轄し，ここに，文部省→督学局（各大学区におく）→地方官→学区取締（各中学区において小学区の学務を担当）という中央集権的な行政ルートが組織された。

学区は教育行政の基礎単位であり，学校設置の基準でもあった。各学区に大学，中学校，小学校を設立する壮大な計画であったが，実現は難しかった。

④ 小・中学校の体制と教育内容の特質

学制実施にあたっては，小学校の普及と充実に力点がおかれた。財政的裏づけを欠いて発足した学制下の小学校は，その多くが従来から庶民のための代表的教育機関として存在した寺子屋・私塾などを再編成する方式により，全国各地に急速に開設されていった。

いっぽう，新設された小学校建築には個性的なものが目立った。現存する長野県松本の開智小学校などの場合，バルコニーつき白亜の二階建て洋風建築である。このような個性豊かな小学校が全国各地に建てられたが，当時，学校

建築に対する公的な財政援助はなく，これらは地域住民の資金によって建てられた。

さて，学制における小学校の課程は，下等小学（6～9歳），上等小学（10～13歳）の2等に分けられ，ほかに，村落小学，貧人小学などがあった。

教科は文部省の改正小学教則概表によれば29科目に及ぶ。綴字(てつじ)（言語の音声つづりを表す），習字，単語，会話，読本，修身，書牘(しょとく)，手紙，文法，算術，養生法，地学大意，理学大意，体術，唱歌などのように内容が細分化されていること，理科系の教科が比較的多いこと，知育が重視され初等教育としては程度がかなり高いことが特色である。

中学校は，下等中学（14～16歳），上等中学（17～19歳）の2等に分けられ，ほかに実業諸学校があった。中学課程を修了すれば試験を経て大学に進学できたため，当時としては世界にまれなる単線型教育制度を構成していた。

教科内容は，下等中学では国語学，数学，習字，地学，史学，外国語学，理学，画学，古言学，幾何学などの16教科，上等中学では新たに罫画(けいが)（図画の画法で，網画の類），幾何代数学，経済学，重学，動物植物地質鉱山学が加えられた。だが，教則通りに実施することは困難であった。

また，教科書の多くは西洋の翻訳書・翻案書であったため，必ずしも当時の実情に適合していなかった。そのため，やがて1880年には，これらの進歩的内容の教科書は使用を禁止され，文部省は省内および師範学校に部局を設けて教科書の編集にあたらせるこことなる。

⑤ 近代学校教員の養成—師範学校の開設

新しい教育を実施するには，それにふさわしい教員の養成が急務であった。

学制には小学校教員養成を目的とする師範学校の規定があり，学制公布と同時に，東京に直轄師範学校が設立され，順次全国各地に設置された。

文部省はいち早く，東京師範学校にアメリカ人スコット（M. M. Scott）を招いて教科書の編集や新しい教授法（一斉教授法や実物教授法など）の開発を進め，師範学校は，全国の小学校教育の近代化推進に大きな役割を果たした。

その後，高嶺秀夫や伊沢修二らのアメリカ派遣留学生をとおして，明治10年代後半にペスタロッチ（J. H. Pestalozzi）主義の流れをくむ開発主義教授法が導入された。それは，明治前期の初等教育における教授法の定式を形成するにいたるが，明治20年代にはヘルバルト派の教授学にとって代わられた。

⑥ 高等教育の体制とお雇外国人教師

1873（明治6）年に学制の追加があり，専門学校と外国語学校が規定された。専門学校とはお雇外国人教師が教える高等な学校で，外国語学校はその予備校である。翌年，専門学校として，旧幕府の開成所と医学所を源流とする東京開成学校，東京医学校の2校が設置された。

大学は最高教育機関であるが，当初は存在しなかった。1877（明治10）年，これら二つの専門学校を合併して東京大学が成立し，法・理・文・医学部の4学部を設けた。

新政府は高等教育に対しては，初等教育の受益者負担主義と対照的に，国家財政から多額の教育費を投入した。多数の留学生を海外へ派遣するとともに，多くのお雇外国人教師を破格の高給で招聘し，科学技術立国の進展を図るとともに，西洋文化の摂取に努めたのである。

このように近代日本初期の教育政策の特色は，第一に，高等教育と初等教育の双方から教育が推進されたという点が指摘できる。第二は，文明開化に向けて，若者と子どもの視野を世界に広げるという国際的観点があげられる。

⑦ 学制実施上の困難

しかし実際には，学制による国民皆学の理想の実現には大きな困難が伴った。その理由の一つは，新しい学校で与えられる教育内容について，国民は自分たちの生活現実からかけ離れたものと受けとめたことである。また，総人口のほぼ80％を占めていた農民にとって，働き手である子どもを学校に拘束されることによる労働力の減少ということも，痛手であった。さらに，国民皆学の理念がそれまでの君臣関係や身分秩序を重んじてきた日本の伝統になじみにくかった面もあったと思われる。

つぎに，学制の掲げた教育費の受益者負担の原則が，庶民に過重な経済的負担を与えたことも就学を妨げ，貧困のために不就学になる者もでた。また自治体にとっても，高額な授業料の徴収が困難であるとともに，学制実施の費用の捻出には苦慮するところがあった。学制は教師の給与，校舎の建設，学校維持などの費用を，すべて生徒の学費でまかなうことを定めており，のちに国庫補助や府県の負担などが導入されたものの不十分であった。学区の設定も，町村など一般行政区域と必ずしも一致せず，その関係はさまざまで複雑であった。

　その結果，小学校に就学する学齢児童の数は当初30％に達せず，やがてしだいに増加をみるが，およそ5年間を経過しても約40％にとどまった。また，男尊女卑の風潮の強かった当時においては，男女の就学率に大きな差異が生じた。

　この時期には各地で就学拒否も高まり，徴兵令や地租改正への不満と相まって，全国的に小学校の焼き打ち，打ちこわし事件が起こった。したがって，政府の文部当局者の間にも，学制改革の考え方がしだいに強まっていった。

(2) 教育令の公布とその改正

　文部大輔田中不二麻呂は，アメリカ人モルレー（D. Murray）の助言のもとに学制の改革を進め，1879（明治12）年9月学制は廃止され，新たに教育令が公布された。

① 教育令（自由教育令）

　教育令は，学制の理念をそのまま保持し，教育行政や教育制度の面を改正し，子どもを就学させるために地域の実態に合わせようとしたものである。アメリカの教育制度の影響を強く受け，学制に比較して地方分権的であり，自由主義的な色彩を備え，国民生活の実態に基礎をおき，地方の自主性を大幅に認めたことに特色があり，自由教育令と通称される。

　教育令（47ヶ条）は小学校の規定を中心にし，アメリカ的な地方分権的教育行政と小学校就学の緩和を柱とした。① 学区割を廃して各地域の学校管理・

運営にあたる学務委員を住民の選挙によって決める，② 公立学校を建設するかどうかは学務委員の裁量に任せ，私立学校があれば公立学校をあえて建設しなくてもよい，③ 小学校の就学期間を4年とし，1年に4カ月間就学すれば小学校卒業とみなす（実質16カ月）という斬新な内容であった。

しかし，地方自治の条件が未整備な段階で干渉主義をやめたため，公立小学校就学者数の減少や廃校などの現象を招いた。このような教育令の自由・放任的な施策に対しては，またもや批判の声が充満し是正の動きが現われたのである。

そしてこの教育令は，わずか1年でたちまち改訂となった。ここには，維新期における政治・社会の混迷のようすが明らかにみてとれる。

② 教育政策の転換――「教学聖旨」と儒教主義の復活

ところで，さきの教育令の制定過程の背後には，いわゆる開明派と復古派の対立・論争があった。すなわち教育のあり方について，欧米先進国から積極的に学び科学技術や知識を吸収しようとする開明的な立場と，伝統的な儒教を中心とした道徳・規範を教育の中心に据えようとする保守的な立場との対立・論争である。

「教学聖旨」は1879年，天皇の学制改革への要望を元田永孚が起草し「聖旨」として示したもので，維新以来の教育が智識才芸・文明開化の摂取にはしり，いたずらに洋風を競い，風俗や道徳に混乱を招いていると批判し，今後の教育は「仁義忠孝」の徳育を要として進めるべきと主張した。

「教学聖旨」を示された伊藤博文は，ただちに井上毅に起草させた「教育議」を上奏し，維新以来の風俗や道徳の混乱は明治維新という未曾有の変革に伴って生じたもので，学制の失敗に帰すべきでない，また，学制以来の科学を重視した教育の基本方針，教育内容は変更する必要はなく，儒学を要用することは維新前に逆戻りすることであると反駁し，元田の要請を教育令に反映させなかった。こうして天皇中心の儒教道徳復活をもくろむ宮中派（復古派）の課題は，以後にもちこされることになった。

しかし，自由民権運動が次第に勢いを増してくる1880年頃になると，教育令の自由主義的教育政策は開明派官僚たちにとっても大きな懸念となってきた。そこでこの危機を乗り越えようと，伊藤ら開明派官僚は天皇側近に近づき儒教主義を教育に取り入れることで妥協してしまった。こうして学制の知育中心の個人主義的理念を貫いた教育令は，「教学聖旨」の儒教主義復活路線の前に改正を余儀なくされて短命に終わり，田中不二麻呂が責任をとり配転になると，徳育中心の儒教主義的な教育へと質的に大きく転換することになった。

③ 教育令の改正（改正教育令）

文部卿（もんぶきょう）が河野敏鎌（こうのとがま）に代わると，「仁義忠孝」を教学の根本とした儒教的封建道徳の涵養をめざす元田らの主張が取り入れられ，1880年に教育令が改正公布された。改正教育令は先の自由教育令と対照的に，国家による教育の統制を強化し，就学率の上昇，道徳教育の振興を図ろうとするものであった。

内容の改正は，① 学務委員は住民による選挙から府知事・県令（府・県の最高責任者で現在の知事）の選出に改める，② 公立学校の設立は府知事・県令の許可による。府知事・県令は政府の任命制であったため，政府の干渉が強化された。③ 小学校は初等科3年，中等科3年，高等科2年の編成で，義務就学は3年間，毎年16週以上とする，④ 教科における徳育重視の方針であった。

教育内容には，儒教的な教育思想が復活した。小・中では修身が学科の筆頭におかれ，天皇中心の儒教道徳に基づく国民道徳の形成が図られた。また，小学校では女子用の特別の学科が編成された。

小学校8年間の学科は次のようである。

初等科－修身，読書，習字，算術，唱歌，体操
中等科－修身，読書，習字，算術，唱歌，体操，地理，歴史，図画，博物，物理，裁縫（女子）
高等科－修身，読書，習字，算術，地理，図画，博物，唱歌，体操，裁縫（女子），科学，幾何，経済（女子は家事経済）

中学校は小学校6年修了を入学資格とし，初等科4年，高等科2年の6年

制で，学科は次のようである。

　　初等中学科－修身，和漢文，英語，算術，代数，幾何，地理，歴史，生理，動物，
　　　　　　　　植物，物理，化学，経済，記簿，習字，図画，唱歌，体操
　　高等中学科－修身，和漢文，英語，記簿，図画，唱歌，体操，三角法，金石，
　　　　　　　　本邦法令，物理，化学

　④　複線（分岐）型教育制度の端緒

　改正教育令では，中学校（初等科）の入学資格は小学校中等科修了者以上と引き下げられた。よって，小学校の最終課程である小学校高等科（2年）と中学校初等科（4年）の最初の2年の課程とが併立することとなった。このことは，小学校中等科修了者の進学すべき学校が，小学校高等科と中学校初等科との二つのコースに分かれたことを意味し，小学校高等科は袋小路的な性格をもつようになった。こうして近代日本の学校制度の複線化が始まるのである。

　⑤　教員と教育内容の統制

　この改正教育令は全文50条の大綱的な規定であったが，その後，この各条文に対応してより具体的な規定が示されていくという構造をもっていた。

　改正教育令は，「品行不正ナルモノハ教員タルコトヲ得ス」と規定したが，さらに，翌年の「小学校教員心得」，「学校教員品行検定規則」では，教員は公私の生活をきびしく監視されるようになった。前者は江木千之が起草し，16カ条にわたって「忠孝」や「愛国」をはじめとする教員の心得を細かに示した。

　このような政策は，政府の修身教科書編纂方針にも端的にあらわれている。1880（明治13）年，改正教育令の公布に先だって文部省は，儒教主義的色彩の強い西村茂樹編『小学修身訓』を刊行した。そして，同年，西欧の近代市民倫理を説いた翻訳教科書や政治などに関する教科書を，国の風俗や秩序を乱す不適格なものとして，その使用を禁止した。

　⑥　徳育論争

　明治10年代後半から20年代前半にかけて，公教育における徳育の方針，内容，方法をめぐり，開明派と保守派の間で激しい論争が展開された。

欧化主義を批判して儒教的な国民道徳の体系の確立を主張したものには，元田永孚の『幼学綱要』と『国教論』，西村茂樹の『日本道徳論』などがある。彼らは修身教科書の勅撰を主張し，徳育の根源を天皇制の国体に求めた。

　他方，これら儒教主義的動向に反発して近代的モラルの教育を建設しようとする論として，福沢諭吉の『徳育如何』がある。また，文相となった森有礼は修身科の儒教主義的偏向を批判し，教科書の使用を中止させた。森は「自他併立」の「普通心（コモンセンス）」にたつ近代的徳育の形成を期し，それを契機に，明治20年代前半になると，儒教主義でない多様な徳育論が主張された。

　このように，公教育における徳育のあり方をめぐって，新旧人間観の相剋から多様な論争がたたかわされたが，後の「教育勅語」の発布により，儒教的な旧人間観の育成へと収拾させられた。

3　国民教育の確立と整備

　日本が近代国家として体制を確立するのは，1885（明治18）年の内閣制度の創設から1889（明治22）年の大日本帝国憲法発布のころにかけてである。この時期は，強固な天皇制国家が確立する時期にあたり，政府機構における内閣制度，官僚機構，市・町村制および府県・郡制等の地方自治機関，その他警察，軍制などの諸機構が急速に整備された。また，経済上では近代的工業生産の基礎が整い，教育もこの時期に国民教育の基礎が定まった。

(1)　初代文部大臣森有礼と諸学校令

　1885年12月，それまでの太政官制度が廃止されて新たに内閣制度が成立し，伊藤博文を総理大臣とする第1次伊藤内閣が発足した。そして，初代文相には森有礼が就任し，教育の基本計画の策定にあたった。

　森は薩摩藩（鹿児島県）の出身で，幕末に藩命で欧米に留学し，帰国後，

新政府の官僚となった。欧米の教育について造詣が深く，1868（明治元）年の維新当初から近代的な教育の立案に参画した。1870（明治3）年駐米公使となり，滞米中に日本の教育改革についてアメリカの識者の意見をまとめ，*Education in Japan* を出版。帰国後は，福沢らとともに明六社（めいろくしゃ）を起こし『明六雑誌』を発刊，啓蒙（けいもう）思想の普及につとめた。彼はまた，女子教育や商業教育にも積極的に尽力した。森は文相として教育の基本体制の確立に努めたが，やがて彼の近代国家主義は国粋主義者の反感を買い，1889（明治22）年の憲法発布の日に，暗殺された。

当時の日本は，急速な工業生産の増大や貿易の拡大に伴う社会構造の変化が起こりつつあり，また，立憲君主制に基づく近代的な国家体制の確立をめざして，不平等条約を撤廃し，何よりも国際社会における日本の地位を向上させる必要に迫られていた。

森の教育政策は，このような国家的課題に対応するものであった。彼の教育観は，学制における立身昌業のための個人主義とも，また，封建的な儒教主義とも異なり，日本独自の国体を基礎として国家の富強をめざすものであった。ここに戦前日本の教育体制を特徴づける国家主義教育体制が確立した。

① 諸学校令の公布

1886（明治19）年，帝国大学令，小学校令，中学校令，師範学校令のいわゆる諸学校令が公布された。これは，従来の学制や教育令のように一つの法令で学校制度全般を規定する方式を改めて，それぞれ国家に対する役割分担を考慮した各学校種別に法令を定めたものである。これにより，小学校・中学校・帝国大学の学校体系が確立し，教員養成は別系統の師範学校でなされることが決定された。

帝国大学は，「国家ノ須要（しゅよう）ニ応スル」教授・研究を行うことを目的とし，大学は国家のために教授・研究する機関として位置づけられた。

小学校は，尋常科・高等科（6〜14歳，各4年）の2段階からなる。尋常小

学校の就学は教育令が父母の「責任」としたのを改めて「義務」とし，ここに義務教育の基礎をおいた。ほかに尋常小学校の代替として3年の小学簡易科を設置し，貧民層の就学促進を図った。ここに正系と傍系の2種類の初等教育機関の併存が成立した。また小学校，中学校の教科書に，検定制を採用した。

中学校は，12歳以上の小学校修了者を入学資格とし，尋常中学校5年，高等中学校2年の2段階からなる。「実業ニ就カント欲シ又ハ高等ノ学校ニ入ラント欲スル」者に必要な教育を施すことを目的とし，前者は実社会へ入る者のための最終的教育機関，後者は上級学校へ進学する者のための教育機関（後の高等学校）という二重の性格を与えた。前者は各府県1校，後者は全国に5校を原則として設置する計画で，選ばれた少数の者の学校であった。なお，この時期の女子中等教育には，キリスト教主義私立女学校の貢献が大きい。

師範学校は，尋常科（4年）・高等科（3年）の2段階からなる。日本国家の忠良な臣民を育成するには，教師の役割が決定的な意味をもつため，国家の意に沿い，国家の命令に従う教師の養成がめざされた。「順良・信愛・威重」の3気質養成のための訓育，兵式体操の導入，寄宿舎制が師範教育の特色である。

② 森文相による学制改革の特質

森の改革は，国家主義的教育政策のもとに，「教育」（尋常）と「学問」（高等）の課程を二分し，学校教育の目的と機能を社会階層に適合させるものであった。小学校は臣民育成のための一般大衆の教育の場，師範学校は臣民を育成する教師養成の場，尋常中学校は中産階層の教育の場，そして，高等中学校と帝国大学は国家富強の指導的役割を果たす人々の教育の場として位置づけられた。

(2) 教育勅語と臣民の教育

すでに述べたように，「教学聖旨」以後，徳育論争が各方面から多様な展開を示し，文部大臣が変わるたびに修身教科書を使ったり使わなかったり，儒教的方針をとったり西洋倫理学的方針をとったりと，その後も徳育の混乱は続い

た。こうした事態は，地方教育をあずかる地方官たちを大いに困惑させ，地方長官会議は国民の「修身処世の標準」となる徳育の基本を確立するよう文相に建議する事態となった。政府は，国民道徳の統一的原理の確立を急いだ。

① 「教育ニ関スル勅語」(教育勅語)の発布

総理大臣山県有朋と芳川顕正文相のもと，教育勅語の起草が進められた。井上毅と元田永孚が草案作成の中心となり，幾度かの修正を重ねて成案が作成され，1890(明治23)年教育勅語(巻末資料)が発布された。

教育勅語は全文315字からなる短文で，その内容は大きく三つの部分から成る。第1段では，国家の精華・教育の根源は皇祖皇宗の徳にあるとし，統治制度の頂点にある天皇を日本の道徳と教育の根源と見なし，教育と天皇制との一体関係を説いている。第2段は，「父母ニ孝ニ」をはじめとする臣民の守るべき徳目を列挙し，その実践を通じて「皇運ヲ扶翼」することが，「忠良ノ臣民タル」また「祖先ノ遺風ヲ顕彰スル」道であると述べる。第3段は，以上に示した道が永遠の真理であり，天皇も臣民もともに守らねばならない道である，と説いている。このように勅語は，日本社会の教育理念の根源を歴史的存在であり，また，政治構造の要である天皇に求めているところに，特徴があった。

教育勅語発布の翌日，芳川文相は訓示を発し，全国の学校に勅語謄本を頒布するとともに，祝祭日の儀式，その他主要な学校行事の際に，勅語の奉読と訓話を行うよう指示した。また，1891(明治24)年制定の「小学校教則大綱」で修身は勅語の趣旨に基づくべきこととされ，教科書も勅語に示された徳目を解説するかたちに編まれることとなった。

さらに，1890年頃から高等小学校にまで普及した「御真影」(天皇・皇后の公式肖像写真)と相まって，勅語は学校教育と天皇制とを緊密に結びつける役割を果たし，以後，第二次世界大戦敗戦まで，日本の学校では子どもたちを天皇制国家体制に積極的に随順する人間を育成することが，基本目標となった。

なお，戦前日本の教育立法を特徴づける勅令主義は，この時期において確立した。政府は教育を国家の最重要事項とみなしたので，天皇の命令による勅

令によって議会を経ずに制定公布ができ，民意を表明することができないようにしたのである。

② ヘルバルト教育学の受容

この頃，ドイツのヘルバルト (J. F. Herbart) 学派の教授理論が，おもに師範学校を中心に導入された。1887 年にハウスクネヒト (E. Hausknecht) によって本格的な紹介がなされて以来，それが道徳的品性の陶冶を教育の目的とし，しかもその5段階教授法が理論的に整備されていたこともあって，勅語の精神を浸透させるうえできわめて有効であるとされ，全国各地に広く普及した。

しかし，日本で実際に展開されたヘルバルト教育学は，本来の趣旨から離れて，教育の目的を教育勅語の徳目や儒教の五倫五常に置き換えて，これを五段階教授法によって注入していくという形式的なものとなった。

(3) 明治後期における教育の整備・拡充

さて日本の資本主義は，日清・日露両戦争の勝利によって急速に発達し，きわめて短期間のうちに独占資本の形成をみるにいたった。明治後期には，資本主義の発展を担う人材の育成に対する教育要求が増大し，中等・高等教育が拡充された。

① 義務教育制度の確立

義務教育の制度は，1886（明治19）年の小学校令から確立し，義務就学期間と保護者の義務が明らかになった。しかし，授業料を徴収したため，当時の就学率は50％を割っていた。その後，1900（明治33）年の小学校令改正で，4年間の無償制の原則に基づく義務教育が確立し，これによって就学率は急上昇を示した。1899（明治32）年の平均72.75％の就学率は，1902（明治35）年には90％を越え，1906年にいたっては96.56％にまで上昇し，男女の差もしだいに縮まるようになった。こうした義務無償4年制の成立は上級学校への進学率を高め，1907（明治40）年の小学校令改正では，義務無償6年制の義務教育が実現した。1909（明治42）年には就学率は98％に達し，

ここに義務教育が名実ともに完成した（図2-1参照）。

② 国定教科書制

小学校の教科書は，学制当初の自由発行（指定）制として発足し，1881（明治14）年から開申（届出）制に，さらに1883（明治16）年に認可（許可）制に，そして86（明治19）年から検定制となった。その後，1902（明治35）年の教科書採択をめぐる大規模な贈収賄事件（教科書疑獄事件）を契機に，1904（明治37）年から国定制となった。教科書国定化によって，国家中心のイデオロギーを内在化した「忠良ノ臣民」の大量育成を図った。

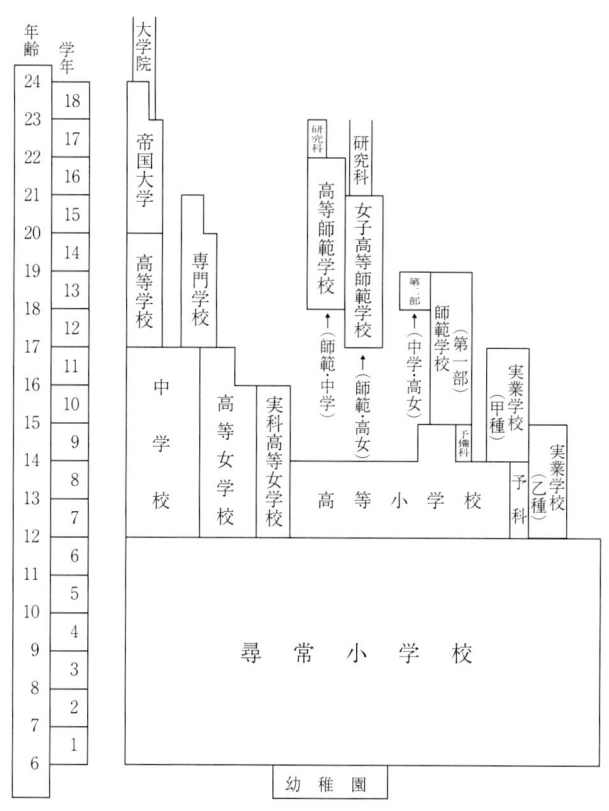

図2-1　学校体系図　1910（明治43）年

③ 中等教育——複線型学校制度の固定化

この時期,中等教育は国民の教育要求とより質の高い労働力の必要性を満たしながら,社会階層と性別に基づく分岐型の学校制度が固定化された。1899（明治32）年,中学校令,高等女学校令,実業学校令の3系統の中等学校令が公布され,ここに中等教育は3系統で編成され,戦前の中等学校体系を決定した（図2-1参照）。

中学校令は,従来の尋常中学校の名称を中学校と変更し,中学校の目的を「男子ニ須要ナル高等普通教育ヲ為ス」と規定した。12歳以上で5年の修業年限に変わりはなかったが,中学校は男子校となり,しかも進学可能な経済的に豊かな子どものエリート教育機関となった。

高等女学校令は,教育目的を「女子に必要な」高等普通教育を行うと規定した。そのため,男子の中学校と比較するとさまざまな差別があった。就学年数は男子より短い原則4年であり,教育内容は一般教養というよりも裁縫などの家政や「女子用」の修身を重視した。これにより,全国的に「国家的良妻賢母主義」（女性は国家のために子どもを産み,育て,夫に従って家庭を守るべきであるという性差による分業論を基本とする思想）の教育が普及していった。

実業学校令では,「工業農業商業等ノ実業」に従事する中堅技術者の養成を目的に,工業・農業・商業・商船および実業補習の5種類の実業学校が発足した。入学資格および修業年限は,一様ではない。蚕業・山林・獣医・水産学校は農業学校の,徒弟学校は工業学校の種類に分類された。

④ 高等教育——高等学校,専門学校

すでに1894（明治27）年,高等学校令により従来の高等中学校を変更し,高等学校が成立していた。専門学科と大学予科とをおいたが,実際には後者が主体となり,帝国大学へのエリートコースに位置づけられた。入学資格は男子のみであった。

専門学校は早くから定めがありすでに存在していたが,1903（明治36）年,専門学校令が公布され,中学校や高等女学校の卒業生を対象とする専門学校

が成立した。ここに，専門教育をなす高等教育機関が整備され，官・公・私立の男女別学の専門学校が創設され，大正期以降の大学設立の基盤となった。医学，法律，経済，商科，美術，音楽などの種類の学校は，ここに含まれる。

⑤ 師範学校

以上のような学校教育の拡充のなかで，とりわけ初等・中等教育の発展は必然的に教員養成の拡大を促した。1897（明治30）年，師範教育令が公布され，師範教育は，小学校教員養成のための師範学校（北海道および各府県に各1校もしくは数校設置），中等教員養成の高等師範学校および女子高等師範学校（東京に各1校設置）に分類されることになった。さらに，1902（明治35）年に広島高等師範学校，1907（明治40）年に奈良女子高等師範学校も設置された。

こうして明治後期の教育制度は，教育勅語の精神の具現化と資本主義の発達を支える労働者や技術者の確保とを軸にしつつ，国民の多様な教育要求を体制的に吸収しながら，整備・拡充していった。

しかし，そこでの形式的，注入的，管理的な教育のあり方に対しては，明治30年代中頃から批判の声が高まり，大正期の新教育運動へと展開されていくこととなる。

4 大正デモクラシーと新教育運動

第一次世界大戦前後の大正期になると，産業の成長，中産階級の増加，大衆文化の普及に伴い，教育は一層拡充した。世界的なデモクラシー思想と新教育運動の影響を受けて，日本でも自由主義的な新しい教育が展開する一方，天皇制国家としての教育体制の補強も進められた。

(1) 大正自由主義（新）教育

大正期には，欧米から移入された教育思潮の影響のもとに，子どもの自由，自主・自発，個性を尊重する，児童中心主義の教育の思想や実践が，展開さ

れた。とくに，教師中心から児童中心へという「教育上のコペルニクス的転回」を宣言したアメリカのデューイ（J. Dewey）らの思想は，この新しい教育運動を理念的に支持したものであった。また，児童の個性や興味に応じた題材を自主的に学習することを主眼としたダルトン・プランやプロジェクト・メソッドなどの革新的な教育方法も，新しい学校の実践に強い影響を及ぼした。

① 新しい教育を試みる学校

この教育で著名な私立学校としては，沢柳政太郎の成城小学校（自由・自然主義教育，ダルトン・プランの導入），羽仁もと子の自由学園（キリスト教的自由主義教育），赤井米吉の明星学園（ドルトン・プランの導入）（ママ），中村春二の成蹊実務学校（自然主義教育），野口援太郎の児童の村小学校（自治訓練），小原国芳の玉川学園（全人教育，労作教育），西山哲次の帝国小学校（ドイツの田園家塾を模範とした），河野清丸による日本女子大学校附属豊明小学校（自学自動の教育）などがあげられる。また，各地の師範学校附属小学校も新教育実践の舞台となっており，なかでも，及川平治による明石女子師範附小での分団式教育，手塚岸衛の千葉師範附小での自学自治活動，木下竹次の奈良女高師附小での合科学習，千葉命吉による広島師範附小での独創教育などの実践は，全国的に知れわたった。しかし，これらの児童中心の自由主義的教育は，一部の私立学校や師範学校附属小学校における実践にとどまり，経済的な問題や政府の自由主義抑圧もあって，全国的に浸透したとはいえなかった。

② 生活綴方運動

教科教育では，小倉金之肋の数学教育改革論，芦田恵之助の綴方教育論などが大きな注目を集めた。昭和初年には経済不況が深刻化するなかで，東北地方を中心に生活綴方を中心とする北方性教育運動がさかんになった。これは，子どもの生活現実を子ども自身に見つめさせ，生活意欲や生活知性を培い，労働する心を育てようとするものであった。しかし，プロレタリア教育と結びついたことから，やがて弾圧を受けることとなった。

③ 芸術教育運動

さらに，児童文学，童謡，自由画，児童劇などの新しい芸術教育の隆盛をみるようになる。なかでも鈴木三重吉は，詩人の北原白秋や画家の清水良雄らの協力により，子どものための童話や童謡の創作をめざして，文芸雑誌『赤い鳥』を創刊した。これには多くの文学者や詩人が参加し，国語・作文教育の上に新風を呼び起した。代表的な作品に，芥川龍之介の「蜘蛛の糸」，有島武郎の「一房の葡萄」，新美南吉の「ごん狐」，北原白秋の「この道」，西条八十の「かなりや」などがある。

④ 公民教育・郷土教育

ドイツの影響を受けて，公民教育，郷土教育運動もさかんになった。それは，自治訓練，共同作業を重視し，公民活動能力を育て，また，郷土の研究を通して郷土愛を高めようとするものであった。しかし日本での実践は，日本固有の国家主義を基調としたものであって，先進諸国の基本的人権と市民的教養に根ざした公民教育と同一視できるものではなかった。政府の意図は，普通選挙法の実施に備え，国民の政治意識を高めて思想を善導することにあった。

以上の大正自由主義（新）教育運動は，旧来の注入主義学校教育のあり方を，児童の側から問い直そうとする試みであり，その後の日本の教育に一大転機をもたらす可能性を秘めていた。しかし現実には，強固な国家主義教育体制の枠組を越える力を有するにはいたらず，この枠を打ち破れなかった点に，限界があった。

(2) 臨時教育会議と教育制度改革

自由主義的な教育運動が華々しい展開をみせた一方，天皇制国家としての教育体制の補強も，着々と進められていった。

1917（大正6）年，内閣直属の教育諮問機関として発足した臨時教育会議は，第一次世界大戦後の国民教育のあり方や，この戦争を通して明らかになった日

本の科学知識・技術の立ち遅れ対策，また教育制度上の問題の解決などを課題としつつ，他方で，当時国内に勃興しつつあった個人主義や社会主義，あるいは無政府主義的思想に対する危機意識から，教育勅語体制を支える国体観念の涵養をねらいとしたものであった。

臨時教育会議は1919（大正8）年に終わり，その後教育政策の根本方針の審議は，1924（大正13）年設置の文政審議会に受け継がれた。この答申によって，1925（大正14）年には陸軍現役将校学校配属令が公布され，中学校以上の諸学校において配属将校による男子生徒・学生の軍事教練が課せらた。また中等学校に在学しない勤労青年の教練も，翌年設立された青年訓練所で実施されることとなった。

① **大学・高等学校**

1918（大正7）年には大学令が公布され，大学制度は画期的に変革された。従来の官立（国立）の帝国大学（当時5校）のほかに，公立と私立の大学の設置が認められた。大正末年には37校を数えたが，以後，私立の専門学校がつぎつぎと大学に昇格し，大学は飛躍的に発展した。しかし女子の専門学校は，戦後まで大学昇格を許されなかった。

また同年の高等学校令により，高等学校も官立のほか公立・私立の高等学校が認められた。高等学校はこの法令によって，従来の帝国大学の予備教育機関から高等普通教育の完成機関として性格づけられることとなった。

② **盲・聾唖学校**

すでに学制は，障害児教育に言及し，明治10年代には東京と京都に盲唖者の教育施設が設置された。ついで，小学校令で盲唖学校に関する規定が設けられ，1910（明治43）年には文部省直轄の盲学校と聾唖学校が設けられた。1923年には「盲学校及聾唖学校令」が公布されて，整備が一層進んだ。

③ **幼稚園**

学制は，就学前の幼稚小学を定めたが実現せず，1876（明治9）年になって東京女子師範学校に附属幼稚園が創設された。幼稚園に関する規定はそ

の後の教育法令にも見られるが，1926（大正15）年に独立した幼稚園令が公布された。なお，幼児教育に関してはキリスト教主義の私立幼稚園が果たした役割は大きい。

④ 社会教育

さらに国民の「思想善導」策として，社会教育（通俗教育）の機構整備が進められた。1919（大正8）年，文部省に社会教育に関する事務を一括する新しい課（1924年「社会教育課」）が設置され，翌年には各府県学務課に社会教育主事・主事補がおかれた。このように，国家権力による国民の教化政策が，学校という教育機関を越えた社会全般を視野におさめて再編・整備されていった。

(3) 社会主義運動と教育

第一次世界大戦は好景気をもたらしたが，1927（昭和2）年の金融恐慌，1929（昭和4）年の世界恐慌と，昭和初年には深刻な経済不況に陥った。こうした厳しい社会状況にあって，欧米流の自由主義や民主主義，さらにはマルキシズムの影響を受けた社会運動が高揚し，政府はこれらの活動に対して徹底した圧力を加えた。

各大学，高等学校，専門学校に社会主義的学生思想団体がつくられ，1922（大正11）年にはそれらを統合して学生連合会が結成された。また1919（大正8）年，下中弥三郎を指導者として，日本で最初の教員組合「啓明会」が結成されたが，後に無政府主義活動に転じて自壊した。さらに1930（昭和5）年，日本教育労働者組合が非合法に結成され，同年設立の新興教育研究所では，プロレタリア教育運動が展開されたが，治安当局の弾圧を受けた。

5 軍国主義体制の強化と教育

やがて1931（昭和6）年の満州事変の勃発は，軍部を中核とする全体主義勢力を台頭させ，国をあげて戦時協力体制をとる事態となり，教育も戦時体制を

とるにいたった。

(1) 思想問題対策と教学刷新

すでに述べたように，大正末期から昭和初期にかけて，社会主義運動や労働運動の高揚を背景として学生運動がさかんになったが，教員にも社会主義思想の信奉者・活動家が多くなり，思想問題が続発するようになっていた。このような思想問題の解決策として，国体の本義にたち帰ろうとする教学刷新の教育政策が提唱された。

1935（昭和10）年の天皇機関説事件を契機とした衆議院の「国体明徴ニ関スル決議」の採択を背景として，政府は同年，教学刷新評議会を設置し，「万古不易ノ国体」明徴による教学刷新を図るとともに，国体観念・日本精神に基づく教育の根本方針の確立を建議した。また1937（昭和12）年には教育審議会を設置し，教育改革について審議を求めた。その答申の根本理念は，「国体ノ本義」を徹底し「皇国ノ道ニ帰一セシメル」教育であって，そのために国民を「錬成」することにあった。同年，文部省は国体・日本精神の本義を究明することを目的とした『国体の本義』，ついで『臣民の道』を刊行し，国体明徴の教育を鼓吹した。

(2) 「皇国民」の錬成と教育改革
① 国民学校の発足

1941（昭和16）年，小学校令を改正し国民学校令が公布され，明治初年以来の小学校は国民学校と改称され，戦時体制に即応できる内容に変革された。国民学校は，「皇国ノ道ニ則リテ」初等普通教育を行い，「国民ノ基礎的錬成ヲナス」ことを目的とした。

制度の改革では，修業年限は8年（初等科6年，高等科2年）とし，これを義務教育としたが，義務年限の延長は戦争の激化によって実現されなかった。

教育内容は，教科が統合され，各教科の中に科目をおいた。初等科では国

民科（修身，国語，国史，地理），理数科（算数，理科），体練科（体操，武道），芸能科（音楽，習字，図画，工作）の4教科をおき，高等科では実業科（農業，工業，商業，水産）が加えられた。そのほか，初等科女子には裁縫，高等科女子には家事，裁縫を課した。

さらに教育方法として，「錬成」主義を採用した。「行(ぎょう)」「型」による教育が重視され，宮城遥拝，神社参拝，勤労奉仕，団体行進，かけ足訓練などによる「練磨育成」が行われた。

② 諸学校の改革

1943（昭和18）年には中等学校令が公布され，それまでの中学校，高等女学校，実業学校は包括して規定されることになった。中等学校の目的は，「皇国ノ道ニ則リテ高等普通教育又ハ実業教育ヲ施シ国民ノ練成ヲ為ス」ことで，3種の学校を中等学校として統一することによって実業教育に対する偏見の是正を図った。すでに1941（昭和16）年に太平洋戦争が始まっていたことから，実務に就く時期を早めて国力の増強を図るという国家側の要請から，修業年限は原則として1年短縮することとなった。そして，中等諸学校の教育課程には，教科のほかに「修練」が新設され，実践的，総合的な教育が行われた。教科書は小学校と同様に国定教科書となった。教科は，中学校では国民学校の5教科に外国語科を加え，高等女学校では基本教科（国民科・理数科・家政科・体練科・芸能科）と増課教科（家政科・実業科・外国語科）中の1科または2科が課せられ，実業学校では国民学校同様の5教科であったが，女子には家政科が加えられた。

また高等教育機関も，皇国の道に則って国家有用の人物を錬成することが目的とされた。

さらに師範学校は，皇道の修練を重んじ，次世代の皇国民を育成する人物を養成する重責を負うという意図で，改革がなされた。1943（昭和18）年，師範教育令改正によって，中等教育に位置づけられていた府県立の師範学校は，専門学校程度（修業年限3年）に高められ，すべて官立（国立）となった。

③ 青年学校の義務化

陸軍は国家総力戦体制の構築を企図し，陸軍の手による教育の支配と国民の掌握を実現するために，軍事教練の国民化を推進していた。すでにみたように，1925（大正14）年には男子の中等程度以上の学校への現役将校配属制度を発足させ，翌年には男子勤労青年に対する兵式訓練を主な目標にした青年訓練所制度を成立させていた。

それまで，小学校卒業後実社会で働く青少年のための教育機関は，実業補習学校と青年訓練所が並存していたが，1935（昭和10）年，青年学校令が公布

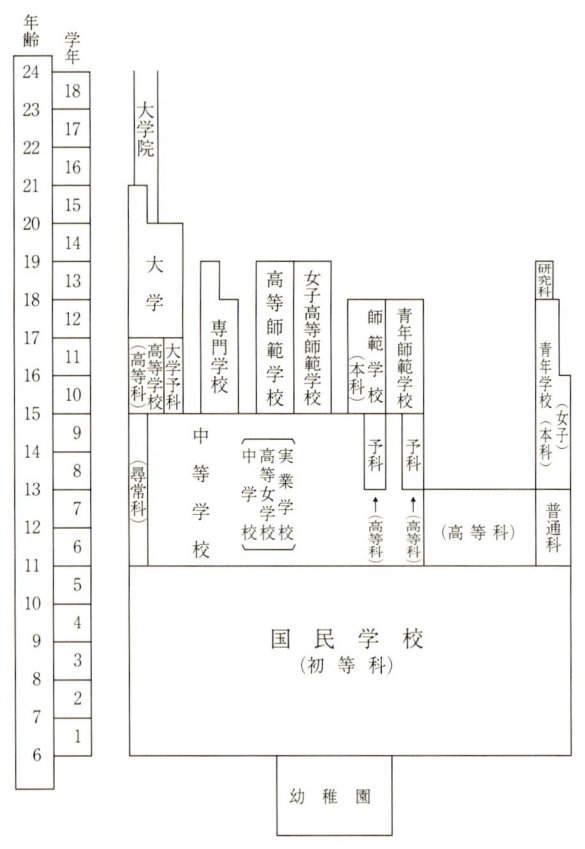

図2-2 学校体系図 1944（昭和19）年

され，青年訓練所の機能を中心として両制度は統合されることとなった。

青年学校は，「男女青年ニ対シ其ノ心身ヲ鍛錬シ徳性ヲ涵養スルト共ニ職業及実際生活ニ須要ナル知識技能ヲ授ケ以テ国民タルノ資質ヲ向上セシムルヲ目的」とした。1939（昭和14）年には男子の義務制が実施され，普通科（2年），本科（5年）を置き，尋常小学校卒業者を普通科に，高等小学校卒業者を本科に入学させた（図2-2参照）。

青年学校の教育内容は軍事教練の比重が大きかったことからみても，近代戦における優秀な兵士の育成が目的であったことがわかる。その後，生徒数は増加の一途をたどり，1943（昭和18）年になると300万人以上となった。

(3) 戦局の悪化と学校教育

戦火の拡大に伴い，学校教育はしだいに決戦体制の強化を求められ，制度の縮小と改編を余儀なくされることとなった。

1941（昭和16）年，大学と専門学校等は修業年限が3カ月短縮され，翌年，高等学校高等科と大学予科も6カ月短縮，1943年には1年短縮された。

また戦時体制に即応するため，高等教育機関の理工系の整備拡充，中等教育における実業学校への転換などの改編がなされた。

① 学徒動員と学童疎開

1944（昭和19）年，政府は「決戦非常措置要綱」を決定し，① 中等学校以上の学徒は，今後1カ年常時勤労その他の非常任務につかせる，② 理科系の学徒は軍需関係の工場に配置する，③ 学校の校舎は必要に応じて軍需工場及びその他の軍事目的に転用する，こととなった。

また同年，米軍によるサイパン島占領前後から，本土空襲が激しくなったことから，政府は一般疎開を図るほか，東京など全国13都市の国民学校初等科3年以上6年までの学童を，都下または比較的近接県の山間地などに集団疎開させることにした。翌年には，低学年児童も集団疎開の対象に加えられ，疎開対象地域も拡大された。

学童疎開は，学校ごとの集団疎開の方法をとり，引率教員の指導のもとに旅館・寺院などを宿舎として生活した。しかし疎開は，十分な準備が整わないうちに実施されたがために，食糧不足による栄養失調，不衛生状態による感染症への罹患，親から引き離されたことからのホームシック，閉ざされた集団生活のなかでの陰湿ないじめなど，子どもたちの心身に与えた影響は大きかった。

② 学校機能の停止

1945（昭和20）年になると，戦局は重大な局面を迎え，「決戦教育措置要綱」が決定され，「学徒ヲシテ国民防衛ノ一翼タラシムルト共ニ真摯生産ノ中核タラシムル」ことになった。国民学校初等科以外の学校の授業は4月から1年間原則として停止することになった。さらに同年，「戦時教育令」が公布され，学徒隊を組織して食料増産，軍需生産，防空・防衛などに従事することとなった。ここに，学校教育は崩壊し，数カ月後に敗戦を迎えた。

また日中戦争の全面化のもと，政府は1938（昭和13）年より，16～19歳男子の満州への集団移民「満蒙開拓青少年義勇軍」を実施し，その際，多くの子どもたちが教師の手によって大陸へと送り出された。さらに植民地であった朝鮮・台湾では，神道・天皇信仰が強制され，「皇国臣民化」政策がとられた。

参考文献
・『学制百年史』文部省，1972年
・国立教育研究所編『日本近代教育百年史』（全10巻）教育研究振興会，1974年
・仲新・持田栄一編『学校の歴史　第一巻　学校史要説』第一法規，1979年

　本章のテーマは公教育を主として扱うものであったが，近代日本の教育の全体像を知るには，私立学校などの多様な試みも学ぶ必要がある。以下に推薦図書をあげる。
　『近代日本の教育を育てた人びと（上）（下）』東洋館出版，1965年
　海原徹『日本史小百科　学校』東京堂出版，1996年
　三好信浩『日本教育の開国　外国教師と近代日本』福村出版，1986年
　佐藤秀夫『教育の文化史』1～4，阿吽社，2004～2005年
　唐澤富太郎『女子学生の歴史』木耳社，1979年

第3章
現在の学校教育制度

　現在の日本では，6歳になった4月に全員が小学校に入学し，中学校（中等教育学校－前期の課程）をふくめて9年間，義務教育をうけることを多くの人は当たり前のように思っていることだろう。しかし，歴史的にみれば，これは日本の歴史のなかでもここ60年くらいのことである。また，9年間の教育をうけるのに，教育をうける子どもやその保護者が直接，授業料を負担しなくてよいのは，なぜであろうか。

　また，日本の教育は，戦前と戦後では，大きな変化を遂げている。その大きな変化を生じさせた背景や，そして，その結果，どのような変化がもたらされたのかなど，こういった疑問をふまえつつ，現在の学校教育について考えてみよう。

1　戦後の日本の教育

(1)　戦後日本の教育のスタート

　1945（昭和20）年の敗戦のあと，日本は連合国軍によって占領され，この時から1951（昭和26）年まで，日本は連合国軍総司令部（GHQ）の統治のもとにおかれた。その体制のもとで，日本の非軍事化，民主化，国家再建が推進された。この日本の民主化の一環として，教育の改革にも手がつけられ，1946（昭和21）年に第一次アメリカ教育使節団報告書がまとまり，これは戦後日本の教育の基本路線を示すものとなった。日本側はこれをうけ，内閣の諮問機関とし

ての教育刷新委員会が設置され，戦後の教育改革の審議がなされた。

　戦後，日本の社会は教育だけでなく，各領域で大きな変化を遂げることとなった。まず，国のあり方を決め，国の最高法規である日本国憲法は，1946（昭和21）年に国民主権・平和主義・基本的人権の尊重を三つの基本として公布された。

　日本国憲法で，教育に関していくつか規定しているが，特に重要なものをあげると，第26条「すべて国民は，法律の定めるところにより，その能力に応じて，ひとしく教育を受ける権利を有する。2　すべて国民は，法律の定めるところにより，その保護する子女に普通教育を受けさせる義務を負ふ。義務教育は，これを無償とする。」で，これは，国民すべての教育の受ける権利，能力に応じた教育，保護者が子に教育を受けさせる義務，義務教育の無償について定めている。そのほか，教育に関係するものとしては，「思想及び良心の自由は，これを侵してはならない。」（第19条），「学問の自由は，これを保障する。」（第23条），「信教の自由は，何人に対してもこれを保障する。（中略）　国及びその機関は，宗教教育その他いかなる宗教的活動もしてはならない。」（第20条）などもあげられる。

　憲法の翌年の1947（昭和22）年には戦後の教育の理念を示す教育基本法が公布された。さらに，教育基本法と同時に教育基本法の理念を具体化する法律として，同年に学校教育法，1949（昭和24）年に社会教育法などが公布された。教育基本法は，公布から約60年を経て，2006（平成18）年12月に改正された。

　1947（昭和22）年の教育基本法は，日本国憲法に基づき，民主主義のもと，戦後の新しい教育理念を示し，教育関係の法律制定の根拠となる重要な法律であり，日本の教育の理念や教育制度の基本を定めた法律で，法律としては珍しく前文と11条の条文から成り立っていた。前文では「個人の尊厳を重んじ，真理と平和を希求する人間の育成」「普遍的にして個性豊かな文化の創造をめざす教育」を掲げた。教育の目的を「人格の完成」をめざすこととし，教育の機会均等，義務教育の無償，男女共学，教育の宗教的中立性，政治的中立性

などが規定された。

　戦前まで日本の学校教育での道徳の根源とされてきた教育勅語は1948（昭和23）年に国会で排除・失効確認に関する議決がなされた。

　教育の機会均等とは，憲法第14条「法の下での平等」をふまえ，人種，信条，性別，社会的・経済的地位，門地によって教育上差別されず，また教育をうける機会が左右されるべきではないという原則である。

　2006（平成18）年12月の改正後の教育基本法は，前文と18条からなる構成で，前文には「公共の精神を尊び，豊かな人間性と創造性を備えた人間の育成を期するとともに，伝統を継承し」と「公共の精神」「伝統文化の継承」が追加された。条文にも「伝統と文化を尊重し，それらをはぐくんできた我が国と郷土を愛する」が加わり，さらに生涯学習の理念を教育に関する基本的な理念とすることとし，旧教育基本法では規定のなかった大学，私立学校，家庭教育，幼児期の教育，教育振興基本計画なども規定された。

(2)　戦後の学校制度の特徴

　戦後日本の教育制度は，いくつかの変更点がある。第1に，学校制度や内容に関しては，大きな改革がなされた。まず，戦前までは中等教育以降は性別や進路によって枝分かれしている，複線型（分岐型）の学校体系であったが，戦後は教育の機会均等の理念に基づき，単線型の6・3・3・4制（小学校・中学校・高等学校・大学）にしたことである。さらに義務教育の期間を9年間に延長し，男女共学を原則とした。どの教育段階でも前段階の修了者は次の段階の進学が可能になったことを意味している。義務教育年限が9年に延長したことは，中学校（前期中等教育）がすべての人に開かれ，小学校（初等教育）と中学校（前期中等教育）が単線型として接続したことを意味している。その後，1961（昭和36）年の高等専門学校や1998（平成10）年の中等教育学校の設置など単線型学校制度を一部修正する制度改革も進められてきている（図3-1参照）。

第2に，教員養成に関しては，戦前の義務教育教員を主に師範学校で養成し，それ以降の学校段階は，大学（旧制），高等師範学校，専門学校（旧制）などで養成するという制度を廃止し，すべて大学で行うことになった。国公立大学および私立大学の教育学部以外の学部でも教員養成のコースが提供され，特定の教科の教員免許の取得が可能となった。こうした方法による教員養成は「開放システム」と呼ばれる。

第3に，教育行政に関しても，戦前の文部省に権限が集中し教育への過度の支配と中央統制を招いたという反省から，地方分権が進められ，都道府県，市町村レベルで教育委員会を設置することになった。

第4に，教育に関する法規に関しては，戦前が勅令主義であったのに対して，戦後は，法律主義になったことである。戦前は帝国大学令，小学校令，中学校令，師範学校令など教育に関することの多くが，天皇の命令である勅令によって定められていたのに対して，戦後は，教育に関することは，法律主義となり，国会で決定される法律によって定められることになった。

❷ 教育法規——教育に関係する法規

(1) 教育に関係する法規

戦後の日本が法律主義になったということは，現在の日本の教育を理解するためには，教育法規に関する基本的な知識が必要である[1]（図3-2参照）。

日本の成文法の体系は，国の最高法規としての日本国憲法，国会の議決を経て成立した「法律」（例—学校教育法など）がある。さらに国会が定める法律以外に，内閣や各省庁などの行政が定める「命令」がある。これは，「法律」の規定を実施するためのことがらを決めたものや，「法律」によって委任された事項に限り制定できる。内閣が出す命令である「政令」（例—学校教育法施行令），各省庁が出す命令である「省令」（例—学校教育法施行規則，高等学校設置基準），地方公共団体がその議会の議決を経て制定する法規である，「条例」や「規則」

2 教育法規—教育に関係する法規

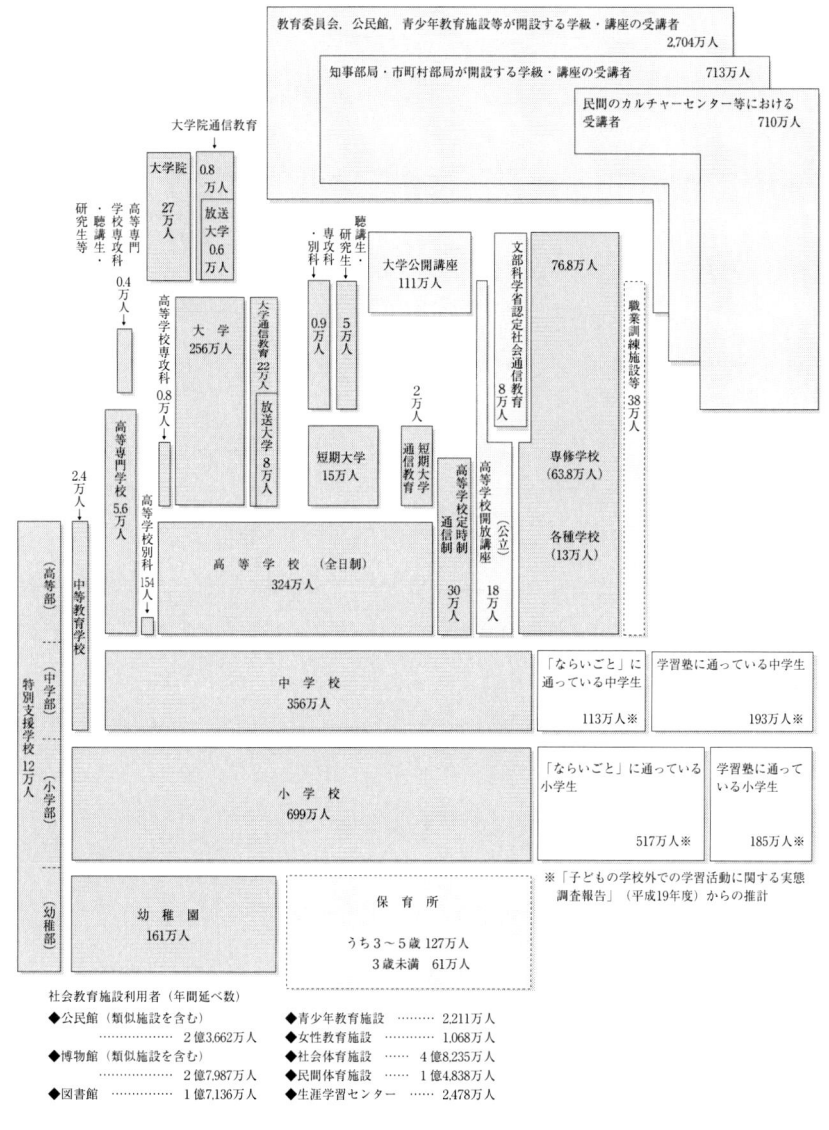

図 3-1 学習人口の現状

（資料） 文部科学省「学校基本調査報告書」（平成22年度），「社会教育調査報告書」（平成20年度），「子どもの学校外での学習活動に関する実態調査報告」（平成19年度）等
（出所） 文部科学省『文部科学白書2010』

第3章　現在の学校教育制度

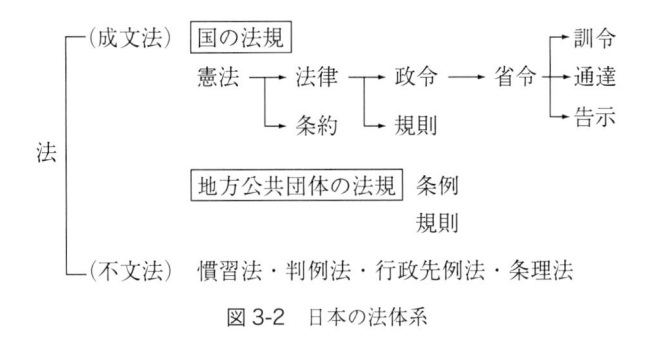

```
            ┌─(成文法) ┌ 国の法規                    ┌→訓令
            │         │ 憲法 → 法律 → 政令 → 省令─→通達
     法 ───┤         │      └ 条約  └ 規則         └→告示
            │         │
            │         └ 地方公共団体の法規  条例
            │                              規則
            └─(不文法) 慣習法・判例法・行政先例法・条理法
```

図 3-2　日本の法体系

がある。これらの法律や命令はそれぞれが関連しあって一つの法体系をなしている。

(2)　教育法規にみる現在の教育―公教育との関係を中心として

　すべての国民の教育を受ける権利を保障し，さらに前節で述べたことを実現するために，日本の法律ではどのように規定しているのであろうか。またこの問題を現代の学校制度をささえる公教育の原則に基づいて考えてみよう。

　公教育とは何かという問いは，大変むずかしいものであるので，ここでは，公共的な性格をもつ教育で，国または地方公共団体によって管理される教育をさすという簡便な定義にしてとどめておこう[2]。

　そして，この公教育の原則を，戦後日本の最高法規である日本国憲法，2006（平成18）年に改正された教育基本法（以下，改正教基法），それをうけて2007（平成19）年6月に改正後の学校教育法などで，どのように規定し，具体化しているかについてみてみよう[3]。

　まず，公教育についてであるが，現在の公教育は三つの原則から成り立っている。それは，義務性，無償性，中立性である。

　第1の公教育の義務性とは，義務教育の対象となっている年齢の児童・生徒が学校教育を受けなければならないという"義務"ではない。では，誰にとっての義務なのであろうか。

公教育の義務性は、基本的人権としての教育権という考えに基づき、教育を受ける権利を国や社会が保障しようという考え方である。義務性は具体的には四つから成り立つとされ、① 就学義務、② 学校設置義務、③ 避止義務、④ 奨学義務である。以上の四つを教育に関する法規にそってみてみよう。① 就学義務とは、保護者がその保護する子に教育を受けさせる義務のことである（日本国憲法第26条2、改正教基法5条、学校教育法16条,17条）。学校教育法には、正当な理由なく就学させない保護者に対しては、罰金が課されることが規定されている（学校教育法17条, 144条）。② 学校設置義務とは、国または地方公共団体の義務教育諸学校を設置する義務のことである。日本では小・中学校は市町村が設置する義務があり（学校教育法38条,49条）、特別支援学校－小学部・中学部は都道府県に設置の義務がある（学校教育法80条）。特別支援学校とは、以前の盲・聾・養護学校が2007（平成19）年4月施行の学校教育法の改正で「特別支援学校」に一本化されることになるが、その学校の名称である。③ 避止義務とは、学齢児童・生徒を使用する時に就学を妨げてはならないというもので、学校教育法20条、その他労働基準法56条、57条などにも規定がある。これに違反したものは、罰金が課されることになっている（学校教育法145条）。④ 奨学義務とは、経済的に就学が困難な子に対して国および地方公共団体が援助をする義務があることである（改正教基法4条3、学校教育法19条）。

　「学齢児童」および「学齢生徒」とは、保護者が9年間の義務教育に就学させなければならない子をさしており、保護者は「学齢児童」に対して「小学校又は特別支援学校の小学部に就学させる義務」を負い、「学齢生徒」に対しては「中学校、中等教育学校の前期課程又は特別支援学校の中学部に就学させる義務を負う」となっている（学校教育法17条）。「学齢児童」の年齢は、「子の満6歳に達した日の翌日以後における最初の学年の初めから、満12歳に達した日の属する学年の終わりまで」である。「学齢生徒」の年齢は「子が小学校又は特別支援学校の小学部の課程を修了した日の翌日以後における最初の学年の初めから、満15歳に達した日の属する学年の終わりまで」となっている（学

校教育法17条)。現在, 日本の義務教育制度では一定の教育課程の修得をもって義務教育を終了したとする「課程主義」ではなく, 一定の年齢に達したならば義務教育は終了したとする「年齢主義」である。

第2の公教育の無償性とは, 教育を受ける者や保護者が教育を受けるために必要な費用を直接に負担せず, 税金などによる公費負担とすることである。現在,「国又は地方公共団体の設置する学校における義務教育については, 授業料を徴収しない」(改正教基本法5条) となっており, 無償の範囲は, 義務教育段階までで, 授業料にとどまっている[4]。義務教育段階でも, 私立学校は授業料を徴収してもよい。日本では, 無償の範囲が義務教育段階まで, 授業料に限定されているが, 諸外国に目を向ければ, フィンランドのように高等教育段階までは原則, 無償の国もある。

第3の公教育の中立性とは, 一般的に宗教的中立性, 政治的中立性, 行政的中立性の三つからなるとされているが, ここでは, 宗教的中立性と政治的中立性についてみてみよう。

宗教的中立性は, 近代西洋では国家の発展にともない, 国家と教会の分離を契機として実現されてきた。日本では, 憲法20条で信教の自由と政治と宗教の分離の原則を定めている。改正教基法でも, 宗教に関して一般的教養として知識を深めることなどは教育上尊重されなければならないとしているが, 国公立の学校では, 特定の宗教のための宗教教育や宗教活動をしてはならないと規定している(改正教基法15条)。私立学校においては, 特定の宗教教育を認め,「道徳」にかえて「宗教」にしてもよいことになっている(学校教育法施行規則50条2, 79条)。

それに対して, 政治的中立性は, 宗教的中立性と異なっている。「良識ある公民として必要な政治的教養は, 教育上尊重されなければならない」としており, 民主的な国家の形成者となる国民に対する教育は, 政治教育自体を否定するものではない(改正教基法14条)。しかし,「法律に定める学校は, 特定の政党を支持し, 又はこれに反対するための政治教育その他政治的活動をしてはな

らない。」(改正教基法14条2)と規定しており，私立学校も含め，「1条校」では政党を支持する・しないなどの政治教育を行ってはならないことになっている。

3 日本の学校制度

(1) 学校段階

　学校制度は，学校の名称や年限などが，各時代，国によってさまざまである。それを比較するためには一定の基準が必要となる。この基準には，縦に区分される「系統性」と　横に区分される「段階性」を考えることができる。系統性は教育目的，教育内容，教育対象によって分けられる。教育目的別系統としては，普通教育系統，職業教育系統などがあげられる[5]。

　段階性は，学校の教育水準，就学者の年齢層などにより，区分されたものである。教育学では，学校段階を初等教育，中等教育，高等教育の3段階に分けて説明されることが多い[6]。

　初等教育（primary education）とは，学校教育の最初の段階で5～7歳から始まり，11～12歳までの子どもを対象に，基礎的な普通教育を行うものをさしている。現在，日本では，教育法規のなかで「初等教育」という言葉は定義されていない。初等教育にあたる学校は，小学校，特別支援学校小学部をさすのが一般的である。国によっては，幼児教育を初等教育にふくむ場合もあるが，日本では，幼稚園は「就学前教育」とされ，初等教育にはふくまないのが一般的である。

　中等教育（secondary education）とは，3段階のうち，第2段階で，初等教育と高等教育の中間に位置し，ほぼ11, 12～18, 19歳まで行われる教育である。日本では，前期中等教育の中学校（中等教育学校―前期課程もふくむ）と後期中等教育の高等学校（中等教育学校―後期課程もふくむ），高等専門学校1～3年がそれにあたる。

　高等教育（higher education）とは，中等教育修了後に実施される，高度な学

問や専門的研究・教育などを行う教育機関のことで、日本では、大学（短期大学もふくむ）、大学院、高等専門学校4，5年をさすのが一般的である。しかし、近年、高等教育を中等後教育（postsecondary education）という広い範疇でとらえ、2～3年間の短期の専門学校（専修学校－専門課程）、各種大学校等をふくむこともある。

(2) 「学校」とは何か

学校とは、学校教育とは何かという定義は、多くの人がさまざまな観点から行ってきた。ここでは、「一定の意図的・計画的教育を目的として、一定の教職員と施設をもつ機関」としておこう[7]。また、「学校とは、一定の目的に従って、意図的体系的に教育する施設で、学校教育法上の狭義の学校は、小学校、中学校、高等学校、大学などをさす。そして、学習塾やスポーツの施設などのように実質的に学校的な役割を果たしているが、法的な意味で、「学校」とみなされない施設もある」という説明もあり、教育機関には多様なあり方があることがわかる[8]。

(3) 「法律に定める学校」

では、日本の法律では「学校」とはどのようなものをさしているのであろうか。教育基本法で「法律に定める学校は、公の性質を有するものであって、国、地方公共団体及び法律に定める法人のみが、これを設置することができる。」（改正教基法6条）とある。この「法律に定める学校」とは、学校教育法第1条の「学校」をさし、幼稚園、小学校、中学校、高等学校、中等教育学校、特別支援学校、大学、高等専門学校の8種である。これらを学校教育法第1条に規定があるので「1条校」という。これらの学校は「公の性質を有する」ために、設置主体は国、地方公共団体、学校法人に限定されている[9]。

学校教育法に規定されているが「1条校」ではない教育機関として専修学校、各種学校がある。それ以外に、他の法令に規定のある教育機関として代表的

なものに，児童福祉法に規定のある保育所（保育園），気象庁の職員の養成などを目的に設置されている気象庁の施設等機関である気象大学校をはじめ，防衛大学校，海上保安大学校などの各種大学校がある。

「1条校」は，幼稚園，小学校から大学まで，それぞれ各段階の目的とそれを実現するための目標が学校教育法によって規定されている。大学，高等専門学校をのぞき，各学校段階，さらに学年ごとに学校教育法の教育目的を実現するために「学習指導要領」（文部科学省告示　幼稚園は「幼稚園教育要領」）が定められ，そのなかでは，国語，算数といった「各教科」，「総合的な学習の時間」，「道徳」，学級活動や学校行事などからなる「特別活動」という教育領域が設定され，学校での教育活動が行われている。学習指導要領とは，全国でどこでも一定の水準の教育が受けられるようにするため，私立学校もふくむ各学校が教育課程（カリキュラム）を編成する基準として文部科学省が定めたもので，法的拘束力がある。この学習指導要領に基づき教科書（教科用図書）が作成される。また学校教育法で，小・中・高等学校，中等教育学校，特別支援学校では，文部科学省の検定を経ているか，著作の教科書を使用することが定められている（学校教育法34条，49条，62条，70条，82条）。

改正された教育基本法5条では　義務教育について新たに規定された。「義務教育として行われる普通教育は，各個人の有する能力を伸ばしつつ社会において自立的に生きる基礎を培い，また，国家及び社会の形成者として必要とされる基本的な資質を養うことを目的として行われる。」としている。この教育基本法の改正をうけて，学校教育法が改正され，義務教育としての9年間のまとまった教育目標が明確化された（学校教育法21条）。

また，「普通教育」の明確な定義は法律にはないが，将来の職業や男女などに関係なくすべての国民を対象とする一般的な教育であること，教育の目的は専門的職業人の養成ではなく国民として一般的な社会人として必要な基礎的な知識・技能・態度を身につけさせる教育であるということである[10]。

① 小学校

　義務教育の最初の段階，すなわち初等教育段階である小学校は「心身の発達に応じて，義務教育として行われる普通教育のうち基礎的なものを施すことを目的」（学校教育法29条）として設置される義務教育学校である。国，地方公共団体，学校法人が設置できる。国立大学の附属と私立を除き，ほとんどが市町村の設置によるものである。

② 中学校

　義務教育としての前期中等教育段階である，中学校は，「小学校における教育の基礎の上に，心身の発達に応じて，義務教育として行われる普通教育を施すことを目的」（学校教育法45条）としている。後述する中等教育学校の設置によって義務教育段階での前期中等教育段階の複線化が生じている。

③ 高等学校

　戦後，9年間の義務教育に接続する後期中等教育段階として設置されたのが（新制）高等学校で，「高等学校は，中学校における教育の基礎の上に，心身の発達及び進路に応じて，高度な普通教育及び専門教育を施すことを目的」（学校教育法50条）としている。高等学校段階になり，教育の目的に「専門教育」が加わっているが，これは特定の職業のための教育と考えてよいであろう[11]。

　戦前の日本では後期中等教育は，限られた人を対象にしたエリート教育機関として存在していた。戦後の高等学校は，多くの人に開かれたものへと大きく変化した。その結果，高等学校進学率は上昇し，同時に生徒の興味，学力，進路の多様化に対応するべく，高等学校の制度的枠組みを見直してきた。その後，高等専門学校，中等教育学校，専修学校（高等専修学校）が制度化され，義務教育後の後期中等教育は多様化している。

　戦後，高等学校進学率は上昇を続け，2010（平成22）年は，中学校卒業者の約98％が高等学校（高等専門学校，特別支援学校もふくむ）に進学している[12]。

④ 中等教育学校

　中等教育学校とは，「小学校における教育の基礎の上に，心身の発達及び進

路に応じて，義務教育として行われる普通教育並びに高度な普通教育及び専門教育を一貫して施すことを目的」(学校教育法63条)としている。中学校と高等学校の制度や理念の違いによる中等教育の不連続性の解消をはかることがねらいで，単一の学校として単一の設置者によっている。中等教育学校制度は，修業年限―6年（前期課程―3年，後期課程―3年）で，国・公立学校の場合，前期課程は授業料を徴収しない。

⑤ 特別支援学校

特別支援学校とは，「視覚障害者，聴覚障害者，知的障害者，肢体不自由者又は病弱者（身体虚弱者を含む）に対して，幼稚園，小学校，中学校又は高等学校に準ずる教育を施すとともに，障害による学習上又は生活上の困難を克服し自立を図るために必要な知識技能を授けることを目的」として，障害の程度が比較的重い子どもを対象として専門性の高い教育を行う学校である（学校教育法72条）[13]。2007（平成19）年4月より，今までの盲学校・聾学校・養護学校（知的障害者，肢体不自由者，病弱者）を統合し，障害種別を超えた特別支援学校とした。「特別支援教育」になる前は，障害児教育に関する学校教育の一分野を文部科学省では「特殊教育」としていた。

幼稚園から高等学校に相当する年齢段階の教育を，特別支援学校では幼稚部・小学部・中学部・高等部で行うことになっている。従来の特殊学級は特別支援学級と名称を変更した。

2010（平成18）年時点の文部科学省の調査では，義務教育段階で特別支援教育を受けている児童・生徒は，2.1％である[14]。

この特別支援教育という言葉は，「幼児児童生徒一人一人の教育的ニーズを把握し，その持てる力を高め，生活や学習上の困難を改善又は克服するため，適切な指導及び必要な支援を行うものである」とされている[15]。ノーマライゼーションの理念の浸透や，1994（平成6）年の「特別なニーズ教育に関する世界会議」で，障害のある子どもをふくめた万人のための学校の必要性を提唱した「サラマンカ宣言」などがその背景にある。

この特別支援教育では，特殊教育の対象であった児童・生徒に加え，小・中学校などで通常の学級に在籍する「学習障害（LD）」，「注意欠陥多動性障害（ADHD）」，「高機能自閉症」等の「発達障害」の児童・生徒などもふくみ，障害のある子すべてを対象に指導および支援をすることとなった[16]。

新たに支援の対象となった，「学習障害（LD）」とは，基本的には全般的な知的発達に遅れはないが，聞く・話す・読む・書く・計算する・推論するなど能力のうちで特定の分野の習得と使用に著しい困難を示すさまざまな状態をさすものである。学習障害は，その原因として，中枢神経系になんらかの機能障害があると推定されるが，視覚障害，聴覚障害，知的障害，情緒障害などの障害や，環境的な要因が直接の原因となるものではない。また，「注意欠陥多動性障害（ADHD）」とは，年齢あるいは発達に不釣り合いな注意力，及び又は衝動性，多動性を特徴とする行動の障害で，社会的な活動や学業の機能に支障をきたすものである。また，7歳以前に現れ，その状態が継続し，中枢神経系になんらかの要因による機能不全があると推定される。「高機能自閉症」とは，3歳位までに現れ，他人との社会的関係の形成の困難さ，言葉の発達の遅れ，興味や関心が狭く特定のものにこだわることを特徴とする行動の障害である自閉症のうち，知的発達の遅れを伴わないものをいう。中枢神経系になんらかの要因による機能不全があると推定されている。「アスペルガー症候群」とは，知的発達の遅れを伴わず，かつ，自閉症の特徴のうち言葉の発達の遅れを伴わないものである[17]。

障害児教育の戦後の経緯を簡単に述べると，1947（昭和23）年から盲学校，聾学校への就学を義務づけられた。知的障害児などの多くは，特殊学級で教育をうけていたが，障害の重い児童・生徒は，就学を猶予あるいは免除という，実質的な入学拒否であった。しかし，1979（昭和54）年に養護学校が義務化され，重度・重複の児童・生徒も養護学校に入学できるようなった。

また，改正教基法4条2で「国及び地方公共団体は，障害のある者が，その障害の状態に応じ，十分な教育を受けられるよう，教育上必要な支援を講じ

なければならない」と新たに規定された。

⑥　大学, 大学院

大学は,「学術の中心として, 広く知識を授けるとともに, 深く専門の学芸を教授研究し, 知的, 道徳的及び応用的能力を展開させることを目的」とし, さらに「その目的を実現するための教育研究を行い, その成果を広く社会に提供することにより, 社会の発展に寄与するものとする。」(学校教育法83条) とあり, 学校教育法の改正で大学の社会貢献が明記された。

戦前は学校系統が複線型 (分岐型) であったため, 戦前の高等教育機関は, 大学, (旧制) 高等学校, (旧制) 専門学校, さらに教員養成系の高等師範学校, 女子高等師範学校, 師範学校など, その進路や性別などにより, いくつも学校にわかれていた。戦後, 学校体系の単線化, 民主化, 一元化の原則によりこれらの高等教育諸機関をすべて単一な4年制の新制大学に再編した。

日本の大学進学率は上昇を続け, 2010 (平成22) 年度は高等学校卒業生の54.3％が大学に進学している[18]。大学教育の問題点として, 受験競争激化と大学間格差, 研究重視で教育の軽視などのほかに, 近年の少子化による大学の再編統合, 短期大学の4年制大学への転換など多くの課題をかかえている。

⑦　高等専門学校

高等専門学校は, 産業界の要請により, 1962 (昭和37) 年に開設された教育機関で, 後期中等教育 (高等学校) と短期高等教育 (短期大学) の性格を併せもっている5年一貫制 (商船系は5年6カ月) の技術系教育機関である。教育の目的は「深く専門の学芸を教授し, 職業に必要な能力を育成することを目的」とし, 「その目的を実現するための教育を行い, その成果を広く社会に提供することにより, 社会の発展に寄与するもの」とある (学校教育法115条)。専門領域として工業系と商船系が中心であるが, これ以外に情報, 経営, デザインなどもある。単線型学校体系の修正であるといえるが, 制度的閉塞性の打開のため, 大学への編入学が可能となっており, 高等専門学校卒業生の約4割が大学などへ進学している[19]。

⑧ 幼稚園

　就学前教育機関としての幼稚園は，学校教育法第1条に規定され，3歳児から小学校入学まで幼児を対象に「義務教育及びその後の教育の基礎を培うものとして，幼児を保育し，幼児の健やかな成長のために適当な環境を与えて，その心身の発達を助長することを目的」としている文部科学省の管轄の「学校」である（学校教育法22条）。学校教育法の改正で，義務教育の前段階としての位置づけが明確となった。小学校第1学年の児童数に対する幼稚園修了者の比率は56.2％である[20]。幼稚園は「保護者及び地域住民その他の関係者からの相談に応じ，必要な情報の提供及び助言を行うなど，家庭及び地域における幼児期の教育の支援に努めるものとする」という新たな役割が期待されている（学校教育法24条）。

　それに対して保育所（保育園）は，児童福祉法39条「保育所は，日日保護者の委託を受けて，保育に欠けるその乳児又は幼児を保育することを目的とする施設とする」の規定によって，乳児から幼児までを保育をする厚生労働省管轄の施設である。今後の課題として，幼稚園と保育園の一元化を図ろうとする，幼保一元化がある。

⑨ 専修学校・各種学校

　1975（昭和50）年に学校教育法の改正で創設された専修学校は，学校教育法第1条に定められた学校ではない。学校教育法124条に規定され，「1条に掲げるもの以外の教育施設で，職業若しくは実際生活に必要な能力を育成し，又は教養の向上を図ることを目的」としている教育機関である。専修学校の課程は，入学時の必要とされる資格によって「高等課程」―中学卒業を資格とする（高等専修学校），「専門課程」―高等学校卒業を資格とする（専門学校），「一般課程」―特に資格を求めないの3種類がある。

　専修学校のうち「専門学校」は，高等学校卒業生の15.9％が進学しており，中等後教育（短期高等教育）機関としての大きな役割を担っている[21]。近年，高等専修学校と高等学校，専門学校と大学や短期大学との単位互換等の弾力

化が図られるようになっており，一定の条件を満たした高等専修学校の卒業生は大学入学資格が付与され，同様に一定の条件の専門学校を卒業すると大学へ編入の道が開かれるなど，制度上の閉塞感をなくす取り組みがされてきた。

各種学校とは，第1条校以外，また上記の専修学校以外で学校教育に類する教育を行うものをさし（学校教育法134条），専修学校に準ずる学校である。大学受験準備のための予備校や外国人学校などがある。

4 教育改革の動向

(1) 教育改革の方向性

近年，日本では教育改革がすすめられている。国の政策に呼応するかたちで地方分権と規制緩和の教育改革が推進され，いくつかの新しい制度が導入されてきた。本節では，学校評議員制度，学校評価，学校運営協議会制度の三つを取り上げる。

教育改革の流れや詳細については省略するが，教育改革の方向性について，2005（平成17）年文部科学省答申『新しい時代の義務教育を創造する』で，義務教育については，「①目標設定とその実現のための基盤整備を国の責任で行った上で，②市区町村・学校の権限と責任を拡大する分権改革を進めるとともに，③教育の結果の検証を国の責任で行い，義務教育の質を保証する構造に改革すべきである」とし，さらに「学校の主体性と創意工夫で教育の質を高めるために，保護者・地域住民の参画の推進」を求めている。これは，「国の責任によるインプット（目標設定とその実現のための基盤整備）を土台にして，プロセス（実施過程）は市区町村や学校が担い，アウトカム（教育の結果）を国の責任で検証し，質を保証する教育システムへの転換」[22)]である。

(2) 学校評議員制度

地域住民・保護者などの学校運営への参画の仕組みを制度的に位置づける

第3章　現在の学校教育制度

ものとして，2000（平成12）年に導入されたのが学校評議員制度である。校長が学校運営について，学校の現状や教育目標や，さらに特色ある学校づくりの推進，地域での体験学習への支援など地域との連携のすすめ方などに関して地域住民・保護者の意見を聞き，その理解や協力をえながら特色ある教育活動を進めていくための制度である。

(3) 学校評価

市区町村や学校の主体性と創意工夫で学校評価を行うことは各学校の裁量権の拡大を意味している。これは市区町村や学校によって教育の実施過程が画一的でなくなることを意味しており，同時にバラツキを生じさせる。教育の機会均等と質の保証の観点から，教育の成果の評価が重要となる。学校運営の改善と発展をめざし，評価結果などを広く保護者らに公表し，説明責任を果たすことが現在，学校に求められているのである。

そういった目的で学校評価[23]は，2007（平成19）年学校教育法（第42～43条），学校教育法施行規則（第66～68条）の一部改正により導入された。各学校自らが行う自己評価の実施と結果の公表（義務化），自己評価をふまえて学校の保護者やそのほかの関係者による評価（学校関係者評価）の実施と結果の公表（努力義務化），評価結果を設置者への報告（義務化）などが規定された。

(4) コミュニティ・スクール（学校運営協議会制度）

学校運営協議会を設置した学校を「コミュニティ・スクール」[24]といい，2004（平成16）年に地方教育行政の組織及び運営に関する法律を改正され，学校運営協議会制度が導入された。学校運営協議会制度は「保護者や地域住民が一定の権限と責任を持って学校運営に参画することにより，地域や保護者のニーズを迅速かつ的確に学校運営に反映させる」[25]ことを目的としている。

学校運営協議会は，校長の作成する学校運営の基本方針を承認すること，学校運営に関する意見を教育委員会または校長に述べることができること，教

職員の任用に関して教育委員会に意見が述べることができることの三つの大きな役割と権限がある[26]。これは，保護者・地域住民の参画により，地域の特色を生かし保護者・地域住民の協力を得てよりよい学校経営を行い，教育の質を高めるための取り組みの一つとしてとらえることができるであろう。

注

1) 法規とは憲法，法律だけでなく，政令，省令，さらに地方公共団体の条例・規則などもふくむ幅の広い概念である。
2) 「第1章　西洋の教育思想から学ぶ」「第3節　公教育の思想」参照
3) 2007（平成19）年6月に学校教育法，地方教育行政の組織及び運営に関する法律，教育職員免許法，教育公務員特例法が改正された。ただし，学校教育法と地方教育行政の組織及び運営に関する法律は，2008（平成20）年4月から施行。それ以外の2法は，2009（平成21）年4月より施行されることになっている。また，学校教育法に改正にあわせて，2007（平成19）年12月に学校教育法施行令，学校教育法施行規則も改正された。本章の説明はすべて改正後の内容である。
4) 現在，日本で教科書が無償なのは，「義務教育諸学校の教科用図書の無償措置に関する法律」によっている。
5) 山口清男「教育制度の原理と構造－義務・無償・中立と制度体系」『公教育の制度と運営』（現代教職研究会『教育と学校』学術図書出版社，1986年）
6) 山口，前掲書
7) 東洋，奥田真丈，河野重雄編『学校教育辞典』教育出版，1988年，の学校の項目より引用
8) 岩内亮一他編『教育用語辞典　第三版』（学文社，1995年）の学校の項目（深谷昌志が執筆）による。
9) 学校法人は，私立学校の設置を目的として，私立学校法に定めるところにより設立される法人（私立学校法3条）で，公教育の機関として必要な資産を保有すること，理事長，役員等の定数選出の明確化などの規定がある。法人とは，ヒトである自然人ではないが，法律の規定によって，権利の主体となれる「人」として権利能力を付与されたものをさす。「学校」の運営には，公共性と安定性が必要であり，個人，株式会社，有限会社のように営利を目的とする法人ではなく，非営利法人として学校法人という組織体がその運営にあたることになっている。しかし，「構造改革特区」制度によって「株式会社」「NPO法人」等による学校の設置も認められるようになった。
10) 名越清家「学校の機能と目的」『公教育の制度と運営』（現代教職研究会『教育と学校』学術図書出版社，1986年）
11) 同上書
12) 文部科学省　生涯学習政策局調査企画課〔編〕『学校基本調査報告書　初等中等教育機関　専修学校・各種学校編　平成22年度』国立印刷局，2010年

13) 視覚，聴覚，知的障害などの障害の種類や程度に関して，学校教育法施行令22条3に規定がある。
14) 2.1％は特別支援学校在学者（特別支援学級在籍者，通級で指導を受けている者）の合計である。文部科学省初等中等教育局特別支援教育課『特別支援教育資料（平成22年）』2010年
15) 文部科学省「特別支援教育を推進するための制度の在り方について（答申）」2005年
16) 平成19年3月文部科学省初等中等教育局特別支援教育課「『発達障害』の用語の使用について」で，それまでの「LD，ADHD，高機能自閉症等」との表記を，発達障害者支援法の定義による「発達障害」との表記に換えることした。
17) 注15) 前掲答申
18) 注12) 前掲書
19) 同上書および学校教育法122条
20) 注12) 前掲書
21) 同上書
22) 文部科学省『平成18年版 文部科学白書』「第2部第2章 初等中等教育の一層の充実のために」2006年
23) 文部科学省『学校評価ガイドライン〔平成22年改訂〕』2010年
24) 文部科学省『コミュニティ・スクール概要，Q＆A』
(http://www.mext.go.jp/a_menu/shotou/community/school/detail/_icsFiles/afieldfile/2011/09/21/1311425_1.pdf)
25) 文部科学省「コミュニティ・スクールをめぐる20のQ＆A」
(http://www.mext.go.jp/a_menu/shotou/community/04122701/004/002.htm)
26) 学校運営協議会と学校評議員のちがいについて、文部科学省は次のように説明している。「学校評議員は、校長の求めに応じて学校運営に関する意見を個人として述べるものであるのに対し、学校運営協議会は、学校運営、教職員人事について関与する一定の権限を有する合議制の機関であるなど、その役割が異なる」（「地方教育行政の組織及び運営に関する法律の一部を改正する法律の施行について（通知）」，平成16年6月文部科学省通知）。

参考文献
・石川松太郎編著『改訂版 教育の歴史―近現代の教育を中心に―』放送大学教育振興会，1995年
・教育制度研究会編『要説 教育制度［新訂版］』学術図書出版社，2006年
・文部科学省「特別支援教育を推進するための制度の在り方について（答申）」2005年
・文部科学省 生涯学習政策局調査企画課〔編〕『学校基本調査報告書 初等中等教育機関 専修学校・各種学校編 平成18年度』国立印刷局，2006年
・文部科学省 生涯学習政策局調査企画課〔編〕『学校基本調査報告書 高等教育 平成18年度』国立印刷局，2006年

第4章
地域社会と学校教育

　新しい教育基本法の第13条（学校，家庭及び地域住民等の相互の連携協力）では，「学校，家庭及び地域住民その他の関係者は，教育におけるそれぞれの役割と責任を自覚するとともに，相互の連携及び協力に努めるものとする」とある。

　ここでいう地域住民の教育における役割と責任，地域社会と学校教育との「相互の連携及び協力」とは何か。こうした問いをもちながら，ここでは地域社会と学校教育との「相互の連携及び協力」のあり方をおもに問うてみたい。

　学校教育は，地域社会をどうとらえてきたのか。また，地域社会と学校教育との「相互の連携及び協力」は具体的にどのように実践されているのか。そうした歴史的認識と現在なされている教育実践の2点に焦点を絞り，地域社会と学校教育との「相互の連携及び協力」のあり方を考えてみよう。

1　地域社会とは何か──経験を振り返ってみよう──

(1)　「地域社会」に対するイメージ

　「地域社会」は，辞書ではどのように記されているのだろうか。『広辞苑』によれば「一定の地域的範囲の上に，人々が住む環境基盤，地域の暮し，地域の自治の仕組みを含んで成立している生活共同体。コミュニティー」とある。また，『大辞泉』によれば「ある一定の地域に，共通した社会的特徴をもって成立している生活共同体。コミュニティー」とある。こうして辞書を紐解いてみても「地域社会」の定義は案外はっきりとしない。曖昧な面をもっていると

いうことが感じられる[1]。しかし，それは両辞書にあるようにどうやら「一定」できるものであり，生活共同体あるいはコミュニティーと呼ぶことが可能であるということも理解できる。

　「地域社会」は，いったいどの程度の範囲をさしていうのであろうか。出身地（町・村，区・市・郡，都道府県）であろうか。それとも日本であろうか。もしかすると，人によってはアジア，あるいは世界を思い浮かべる場合もあるかもしれない。いっぽうで，学校教育を受けてきた私たちにとっては「学区」を思い浮かべる場合もあるかもしれない。「地域社会」といっても，人によって思い浮かべる範囲は異なるといえよう。

　思い思いに浮かび上がる「地域社会」に対する像ではあるが，ここでは具体的な実態を伴っているその像，言い換えるとするならば生活共同体と定めておきたい。いつも通る道，いつも通う店，いつもの通学路など日常の生活に結びつけられるかたちで想起されるその像が「地域社会」に対するイメージと結びついてくるのではないだろうか。そうした「地域社会」＝生活共同体と学校教育との「相互の連携及び協力」が近年では以前にも増して求められている。教育基本法第13条が定められたのは，まさにそのことを示していよう。

(2)　教育経験を振り返る——総合的な学習の時間の場合——

　それでは，どのような教育実践に地域社会との「相互の連携及び協力」が含まれているのだろうか。

　たとえば，現在の学校教育には総合的な学習の時間がある。この総合的な学習の時間は21世紀に入る前の1996（平成8）年7月の中央教育審議会第1次答申「21世紀を展望した我が国の教育の在り方について」において，学校教育に新しく設置することが提言された。同答申では子どもたちに「生きる力」を育んでいくことが提唱され，そのために学校教育で横断的・総合的な指導を推進していくことが強調された。そのとき，横断的・総合的な指導により「生きる力」を育むため，総合的な学習の時間は新しく教育課程に組み込まれたの

である。

　「生きる力」とは何か。同答申では，その一つに「学校・家庭・地域社会が相互に連携しつつ，社会全体で育んでいくもの」と記されている。ここにも地域社会との連携が謳われている。いっぽうで，総合的な学習の時間の設置からすでに10年以上が経過している。

　筆者は，勤務校で担当している講義で「総合的な学習の時間では，どのようなことが実践されていたか」を受講学生に調査している。印象に残っている取り組みを思い出してもらい，どの学校段階のどの学年でどのような実践が行われたかを回答してもらっている。たとえば，2011（平成23）年度前期に行われた講義で調査した際の結果は，以下のとおりであった[2]。

　実施月：2011（平成23）年4月
　調査用紙回収数：76枚
　【内訳】
　①高等学校での実践を思い出し記した場合24名
　②中学校での実践を思い出し記した場合36名
　③小学校での実践を思い出し記した場合10名
　④その他6名（高・中・小3名，高・中2名，高・小1名）
　【実践の内容】
　①高等学校24名の場合
　　問題解決学習・探究活動（環境問題，無人島に行ったらどうするか）
　　進路に関すること（進路指導，大学に関する調査，補習，面接対策）
　　職場体験
　　ボランティア活動（清掃活動，校内・校外ゴミ拾い）
　　講演会（麻薬に関すること）
　　人権教育
　　その他（九州国立博物館への見学，先生とのコミュニケーション）

②中学校36名の場合

問題解決学習・探究活動（地域にある川や山に住む動物の調査，部落差別問題，平和問題）

進路に関すること（進路指導，受験勉強，上級学校調べ）

職場見学・体験

ボランティア活動（校内・校外ゴミ拾い）

講演会（戦争体験者，障がい者，自衛隊員，消防士）

人権教育

地域交流（見学，インタビュー）

その他（郷土料理を作る・野菜を育てる，太鼓・ダンス・書道・料理を習う，ドッヂボール，ディスカッション（政治問題や環境問題）・ディベート，修学旅行の下調べ・韓国交流の計画と準備，図書館を活用した学習活動）

③小学校10名の場合

問題解決学習・探究活動（興味のあることを調べる）

ボランティア活動

地域交流（竹細工，地元の探検，芸能調べ，農作物調べ）

その他（米づくり，イエスノーゲーム）

④その他6名の場合

グループ学習，外国語学習（英語の曲を使った劇），「くすの木タイム」

　中学校における総合的な学習の時間での実践を思い出し記した場合が最も多く36名であった。高等学校での実践を思い出し記した場合も多く24名であった。

　実践の内容を見てみると，平和問題や環境問題に取り組んだり地域にある川や山に住む動物を調査したりするなどの問題解決学習・探究活動や，学校内外のゴミ拾いをするなどのボランティア活動などが高・中・小を通じていずれ

にも見られた。また，高・中に注目してみると，麻薬の話を聞いたり戦争体験者の話を聞いたりする講演会や，いわゆる職場体験が見られた。さらに，中・小の義務教育の学校段階に注目してみると，学区内を見学して回り町の人々に何かしらのインタビューをしたり地元の芸能や農作物を調べたりする地域交流が見られた。

そのほかにも，博物館見学であるとか，郷土料理をつくるとか，各種の問題を取り上げてディスカッション・ディベートを行うとか，米づくりと記した場合もあった。また，④その他6名のなかに「くすの木タイム」と記した場合があった。これは当該学校で総合的な学習の時間をそのように独自の名称で呼んでいたということである。これは「各学校における総合的な学習の時間の名称については，各学校において適切に定めること」とされていることに基づいている[3]。

いっぽうで，この時間に「補充学習のような専ら特定の教科の知識・技能の習得を図る教育が行われたり，運動会の準備などと混同された実践が行なわれたりする例も見られる」とされ，その改善の必要が指摘されている[4]。今回の調査結果でも，「補習」や「受験勉強」などその指摘に該当すると見られる内容が記されていた。新しく教育課程に設置されてから10年以上が経過しているとはいえ，この時間に何が求められているのかは学校教育全体にまだ十分に浸透していないといえるであろう。

とはいえ，問題解決学習・探究活動，ボランティア活動，職場体験，地域交流などに関する実践も十分に見られた。学生自身の振り返りによりこうした取り組みが地域社会との連携で行われていることもうかがいしることができた。

教科活動に比べて比較的あたらしく教育課程に設置された総合的な学習の時間は教科外活動の一つであるが，こうした時間はこれまでの学校教育にまったくなかったのであろうか。かつて学校教育は，地域社会をどうとらえていたのか。

2　学校教育における地域社会——教育内容におけるそのとらえ方

(1)　戦前に構想されていた郷土科

　今から100年以上も前，1900（明治33）年の小学校令の改訂と同施行規則の制定は，それまでの教育が子どもをあたかも知識の受容器の如き存在とし，画一的注入主義の方法を採ってきたことの矛盾を克服しようとしたものであった[5]。そのようななか，各教科，教材をバラバラにではなく，相互に有機的に関連させて教育内容に統一性をもたせる必要があるという立場で国定の教科内容を批判し，その改革を唱える者が現われた。当時の東京高等師範学校附属小学校の棚橋源太郎は，その先鞭をつけたとされる。

　棚橋は，教科内容における知識や技能を系統的に身につけることよりも，「実際」の見地からその「応用」方面を身につけることのほうを重視していた。彼は，東京高等師範学校附属小学校で尋常小学地理歴史理科を創設し，これを学年進行の順を追って観察科，郷土科へと移行させた中心人物とされる[6]。子どもの身辺の事物や郷土の地名そのほかを単に覚えさせることをねらいとするのではなく，地理歴史理科の共通的基礎教授とみなすべき内容を組織することで子どもが生活で応用できるようになることをねらいとした。その組織化されたかたちが郷土科であり，彼はこれに期待した。

　似たような発想から知識の応用を重視し，その応用の場として郷土を重視したのは牧口常三郎であった。自然と人間とのかかわりを重視した地理学研究と教育内容改造論とを結び合わせた『教授の統合中心としての郷土科研究』を彼が世に問うたのは1912（大正元）年のことであった。牧口は，このなかで知識の日常生活への応用指導を重視したうえで，子どもが日頃から身近に接している郷土における四方の現象を応用指導の第一歩としてとらえ[7]，彼らが「自己の郷土に応用して，自己の生活の用に立てると共に其の郷土の全体の幸福を増進する為めに貢献する」ようになることをねらいとした[8]。彼の描いた教授

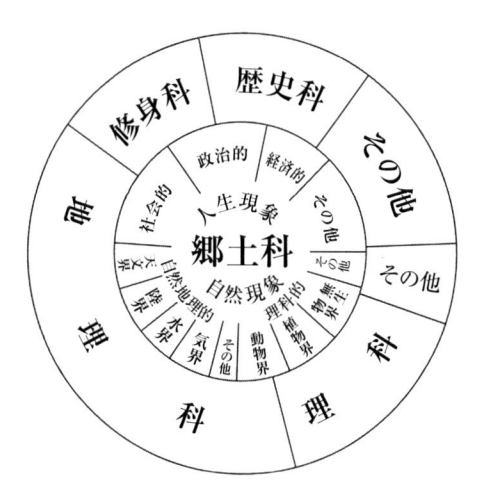

図 4-1 牧口の描いた教授の統合中心としての郷土科

の統合中心としての郷土科は，図 4-1 のようであった[9]。

　棚橋や牧口の事例から，戦前においても，各教科の内容をどのように相互に有機的に関連させるのか，あるいは各教科で知り理解した知識・技能を実際にどのように活かすのかなどの課題があり，その解決に真摯に取り組まれていたことがわかる。このように理解すると，郷土を教授の統合中心に据えようとした彼らのような先達の遺産は，現在では総合的な学習の時間で取り組まれている実践のなかで受け継がれているのではないかと思える。

(2) 戦後まもなく作成された学習指導要領 (試案)

　つぎに，戦後の事例を探してみよう。ここでは，戦後最初の学習指導要領に注目してみたい。それは 1947 (昭和 22) 年に文部省著作の試案として出され，現在の学習指導要領のような基準的性格を有するものではなかったが，現在でいう総則に当たる。その一般編では，興味深く読めるところが多い。

　たとえば，その序論「一，なぜこの書はつくられたか」では以下のようなことが記されていた[10]。

> 　これまでの教育では，その内容を中央できめると，それをどんなところでも，どんな児童にも一様にあてはめて行こうとした。だからどうしてもいわゆる画一的になって，教育の実際の場での創意や工夫がなされる余地がなかった。このようなことは，教育の実際にいろいろな不合理をもたらし，教育の生気をそぐようなことになった。たとえば，四月のはじめには，どこでも桜の花のことをおしえるようにきめられたために，あるところでは花はとっくに散ってしまったのに，それをおしえなくてはならないし，あるところではまだつぼみのかたい桜の木をながめながら花のことをおしえなくてはならない，といったようなことさえあった。また都会の児童も，山の中の児童も，そのまわりの状態のちがいなどにおかまいなく同じことを教えられるといった不合理なこともあった。(中略)
> 　もちろん教育に一定の目標があることは事実である。また一つの骨組みに従って行くことを要求されていることも事実である。しかしそういう目標に達するためには，その骨組みに従いながらも，その地域の社会の特性や，学校の施設の実情や，さらに児童の特性に応じて，それぞれの現場でそれらの事情にぴったりした内容を考え，その方法を工夫してこそよく行くのであって，ただあてがわれた型のとおりにやるのでは，かえって目的を達するに遠くなるのである。(後略)

　戦後まもなくの時点で，戦前の教育のあり方に対する反省のうえにたち，いかに学校教育が「地域の社会の特性」に応じるべきか，あるいはそれを見てとるべきかが率直に語られていたことが読み取れるであろう。とくに，桜の花に関する例はわかりやすい。

(3)　戦後まもなく実践されていたコミュニティ・スクール
　先の引用に「その地域の社会の特性や，学校の施設の実情や，さらに児童

の特性に応じて，それぞれの現場でそれらの事情にぴったりした内容を考え，その方法を工夫」するべきことが提案されていた。こうした提案の背景には戦後における第1次米国教育使節団の報告書の存在がある。この報告書がきっかけとなり1930年代の米国におけるコミュニティ・スクール運動が注目されることにもなった。

　コミュニティ・スクールを提唱したのはオルセン（E. G. Olsen）であった。彼がほかの進歩的な学者と共同執筆した"*School and Community*"では，コミュニティ・スクールの立場と課題が述べられており，学校を通じた社会奉仕が提唱されていた。彼はコミュニティ・スクールを，「教材中心」「書籍中心」の学校と「児童中心」の学校とを止揚した「生活中心」の学校としてとらえた。このような論は戦後わが国で展開したコミュニティ・スクール運動を後押しした。

　わが国で戦後まもなく実践されていたコミュニティ・スクールは，地域教育計画と総称され，たとえば埼玉県川口市の計画は有名である。いわゆる「川口プラン」では，地域調査に基づき約6000の課題が提出され，そこから生産，消費，交通運輸，健康など8項目の基準に従って具体的な題材が選ばれた。教育内容の編成にあたって社会的な課題が重視されたのである。ほかにも広島市本郷町を中心とした「本郷プラン」や神奈川県足柄上郡福澤村で行われた「農村地域社会学校」（福沢プラン）など全国各地において実践例が残されている。

　こうした地域教育計画の立案と実践には，教師や地域住民あるいは教育学者などが共同して当たった点に特色があったが，いっぽうで，これに対し教育内容編成の域を出るものではなかったとの批判もある。オルセンは「地域社会を学校の中へ引き込む」ことと「学校を地域社会の中に引き出す」ことの両方を同時に実践する学校経営の問題としてとらえられるようになることを課題としていた。教育内容編成の域を出るものではなかったということは，「地域社会を学校の中へ引き込む」ことはできたが，「学校を地域社会の中に引き出す」ことはできなかったということであろうか。

　戦後まもなくのコミュニティ・スクールや戦後最初の学習指導要領で記され

ていたこと，あるいは戦前の郷土科などを通じて，かつて学校教育では子どもたちの学びの内容が「地域の社会の特性」，あるいは「実際」や郷土，言い換えれば，子どもたちがより身近に感じられる地域社会を中心に編成されようとしていたことが理解されるであろう。学校教育は，とりわけ教育内容の面で地域社会との連携を昔から模索してきたのである。

3 地域社会と学校教育との「相互の連携及び協力」

(1) 近年における地域社会のとらえ方

それでは，近年では地域社会をどうとらえているのだろうか。高等学校・中学校・小学校（以下，それぞれ高・中・小と略す）の各学習指導要領は，高が2009（平成21）年3月告示，中・小が2008（平成20）年3月告示である。

① 学習指導要領の場合

「地域」という言葉がどれだけ見られるか。調べたところ，高で302個，中で148個，小で87個を数えた。それでは，「地域社会」ではどうであったか。高で14個，中で8個，小で9個であった。ここでは，紙幅の都合上，後者のみを取り上げることにしたい。

総則では　総則の一般方針では「学校における体育・健康に関する指導」のことが述べられている。高・中・小のいずれでも「家庭や地域社会との連携を図りながら，日常生活において適切な体育・健康に関する活動の実践を促し，生涯を通じて健康・安全で活力ある生活を送るための基礎が培われるよう配慮しなければならない」とある。また，高では「教育課程の実施等に当たって配慮すべき事項」の(14)に，中では「指導計画の作成等に当たって配慮すべき事項」の2-(14)に，小では同じく2-(12)に「学校がその目的を達成するため，地域や学校の実態等に応じ，家庭や地域の人々の協力を得るなど家庭や地域社会との連携を深めること」とある。

道徳教育では　中・小の義務教育に限ると，総則の一般方針で「学校に

おける道徳教育」のことが述べられているところがあり，中では「家庭や地域社会との連携を図りながら，職場体験活動やボランティア活動，自然体験活動などの豊かな体験を通して」とあり，いっぽうで小では「家庭や地域社会との連携を図りながら，集団宿泊活動やボランティア活動，自然体験活動などの豊かな体験を通して」とある。

ついでに中・小の道徳に注目してみると，中では「第3 指導計画の作成と内容の取扱い」の1-(1)で，道徳教育の全体計画の作成にあたっては「家庭や地域社会との連携の方法を示す必要があること」とある。さらに，同じく第3の4では，中・小ともに道徳教育を進めるにあたっては「道徳の時間の授業を公開したり，授業の実施や地域教材の開発や活用などに，保護者や地域の人々の積極的な参加や協力を得たりするなど，家庭や地域社会との共通理解を深め，相互の連携を図るよう配慮する必要がある」とされている。また，中に限っていえば，その「第2 内容」の「4 主として集団や社会とのかかわりに関すること」の(8)に「地域社会の一員としての自覚をもって郷土を愛し，社会に尽くした先人や高齢者に尊敬と感謝の念を深め，郷土の発展に努める」とある。

各教科・科目では　各教科に目を向けてみると，高では，たとえば「第2節　地理歴史」の「第3　日本史A」の「2　内容」に「近代における政治や経済，国際環境，国民生活や文化の動向が相互に深くかかわっているという観点から，産業と生活，国際情勢と国民，地域社会の変化などについて，具体的な歴史的事象と関連させた適切な主題を設定して追究し表現する活動を通して，歴史的な見方や考え方を育てる」とあり，同じく「3　内容の取扱い」では「国民生活や文化の動向については，地域社会の様子などと関連付けるとともに，衣食住や風習・信仰などの生活文化についても扱うようにすること」とある。

また，中では，たとえば「第2節　社会」の「2　各分野の目標及び内容」の〔地理的分野〕に「身近な地域における諸事象を取り上げ，観察や調査な

第4章　地域社会と学校教育

どの活動を行い，生徒が生活している土地に対する理解と関心を深めて地域の課題を見いだし，地域社会の形成に参画しその発展に努力しようとする態度を養うとともに，市町村規模の地域の調査を行う際の視点や方法，地理的なまとめ方や発表の方法の基礎を身に付けさせる」とある。

小では「第2節　社会」にだけ見られ，その「2　各学年の目標及び内容」の〔第3学年及び第4学年〕の「1　目標」では，「地域社会の一員としての自覚をもつ」こと，「地域社会に対する誇りと愛情を育てる」こと，その「社会的事象の特色や相互の関連など」を調べたり考えたりしたことを表現することなどが掲げられている。

各教科に目を向けてみると，「地域社会」という言葉が高・中・小を通じて社会系の教科・科目で比較的多く出現していることがわかる。換言すれば「地域社会を学校の中へ引き込む」ことは続けられているといえる。しかしいっぽうで，中央教育審議会の答申（以下，中教審答申と略す）や教育関連の法令法規を見ると，これにとどまらず新しい連携のあり方が模索されていることもわかる。

② 　中教審答申の場合

2008（平成20）年1月の中教審答申「幼稚園，小学校，中学校，高等学校及び特別支援学校の学習指導要領等の改善について」を見てみよう。

この答申では「豊かな時代を迎えるとともに，核家族化や都市化の進行といった社会やライフスタイルの変容を背景に，家庭や地域の教育力が低下していると指摘されている」といわれている。家庭や地域の教育力の低下により生じた具体例として「実際に，生活習慣の確立が不十分」であるとか「親や教師以外の地域の大人や異年齢の子どもたちとの交流の場や自然体験の減少など」が指摘されている。「子どもたちの学習意欲や生活習慣，自分への自信，体力などについて個人差が広がっている」と指摘される背景には，家庭をはじめ，そうした「子どもたちを取り巻く環境の在り方が影響を及ぼしている」と考えられている[11]。

家庭や地域の教育力が低下しているとはいえ，それらが本来果たすべき役割のすべてを学校が補完するわけにもいかず，むしろ「地域全体で学校教育を支援するため，学校と地域との連携体制の構築を図ること」が重要である。この答申では「近所のお祭り，子供会・町内会等の行事，清掃・避難訓練，児童館・公民館の講座や教室といった地元の活動への子どもたちの参加率」がそれぞれに上昇していることを引き合いに出し，「このような親や教師以外の地域の大人とのかかわりの充実などの取組が引き続き着実に進展すること」が期待されてもいる[12]。

　学校教育の教育力の限界が示されたうえで，かつてはあったと見られる家庭や地域の教育力の復活に期待がかけられ，「地域全体で学校教育を支援する」ことの重要性が示されていることが注目される。地域社会を教育内容に引き込んできた学校と教育力の復活に期待がかけられている地域との連携体制の構築が求められている。

③　教育関連の法令法規の場合

教育基本法では　　教育基本法では，本章の冒頭で見た第13条（学校，家庭及び地域住民等の相互の連携協力）のほかにも，第16条（教育行政）第3項に「地方公共団体は，その地域における教育の振興を図るため，その実情に応じた教育に関する施策を策定し，実施しなければならない」とあるし，第17条（教育振興基本計画）第2項には「地方公共団体は，前項の計画を参酌し，その地域の実情に応じ，当該地方公共団体における教育の振興のための施策に関する基本的な計画を定めるよう努めなければならない」とある。

地方教育行政の組織及び運営に関する法律では　　地方教育行政の組織及び運営に関する法律では，第1条の2（基本理念）に「地方公共団体における教育行政は，教育基本法の趣旨にのっとり，教育の機会均等，教育水準の維持向上及び地域の実情に応じた教育の振興が図られるよう，国との適切な役割分担及び相互の協力の下，公正かつ適正に行われなければならない」とあり，第47条の5第2項には「学校運営協議会の委員は，当該指定学校の所在する

第4章　地域社会と学校教育

地域の住民，当該指定学校に在籍する生徒，児童又は幼児の保護者その他教育委員会が必要と認める者について，教育委員会が任命する」とある。

こうした教育関連の法令法規や先の中教審答申などを見ると，明らかに「地域全体で学校教育を支援する」ことが新しい連携のあり方として模索され，実現されようとしていることがわかる。

前述のオルセンは，「地域社会を学校の中へ引き込む」ことの実践を唱えると同時に，「学校を地域社会の中に引き出す」ことの実践を唱えていた。はたして，「地域全体で学校教育を支援する」ことは，「学校を地域社会の中に引き出す」ことになるのだろうか。そのような問いももちながら，その新しいあり方の一事例を見てみよう。

(2) その新しいあり方——コミュニティ・スクールの場合——

先に示した地方教育行政の組織及び運営に関する法律第47条の5に明記されている学校運営協議会は，図4-2に示されているように，保護者や地域住民，有識者などから構成され，学校の運営について，教育委員会または校長に意見を述べたり，その基本的な方針を承認したりすることができる。たとえば，「若手の先生，体育が得意な先生が必要である」とか，「挨拶の指導に力を入

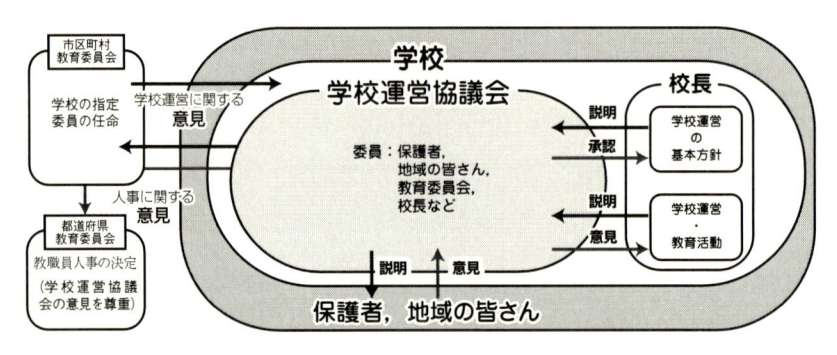

図4-2　コミュニティ・スクール（学校運営協議会制度）

3 地域社会と学校教育との「相互の連携及び協力」

表4-1 指定状況の推移

基準日 (各年4月1日)	指定校数	増加数 (前年比)	学校設置者数	都道府県数
2005年	17校	−	6市区	4都府県
2006年	53校	36校増	1県15市区町	13都府県
2007年	197校	144校増	1県41市区町村	25都府県
2008年	341校	144校増	2県63市区町村	29都府県
2009年	475校	134校増	2県72市区町村	30都府県
2010年	629校	154校増	2県82市区町村	31都府県
2011年	789校	160校増	2県99市区町村	32都府県

れて欲しい」とか,「学校にエアコンを入れて欲しい」などの意見が述べられる。

　つまり,この制度は公立学校の運営に保護者や地域住民の意見を反映させる仕組みである。この学校運営協議会が設置された学校の通称が「コミュニティ・スクール」であり,同時にこの制度そのものもそう呼ばれている[13]。

　コミュニティ・スクールでは,学校運営の基盤である教育内容や教職員配置について保護者や地域住民が責任と権限をもって意見を述べることが,制度的に保障されている。そうした意見をふまえた学校運営が進められる[14]。

　2004 (平成16) 年に制度化されてから,コミュニティ・スクールに指定される学校は,表4-1に見られるように年々増えている[15]。2011 (平成23) 年4月1日現在では,789校が指定されている。地域的にも全国で32都道府県において導入され,着実に広がりを見せている。

　コミュニティ・スクールの対象となるのは,公立の幼稚園,小学校,中学校,高等学校,中等教育学校,特別支援学校である。これに指定されるためには,学校を設置する教育委員会でそのための規則が作成される必要がある。そのうえで,各教育委員会は,地域の特色や学校の実態をふまえつつ,保護者や地域住民の要望を反映して指定を行う必要がある[16]。

　なお,文部科学省のホームページでは,コミュニティ・スクールを導入したきっかけや指定された学校の特徴など事項別に事例が掲載されている[17]。

このようなかたちで「地域全体で学校教育を支援する」ことが進められれば，おのずと学校は地域社会のなかに引き出されていくことになるものと思われる。

4　これからの地域社会と学校教育——結びにかえて

　いわゆる教育問題が，学校のなかで目立って起こるようになっているといわれて久しい。いろいろな教育問題をかかえているがゆえに，信頼も揺らいでいる。しかし，学校のなかで教育問題が目立って起こるようになった背景には，児童・生徒の学校で過ごす時間が長期化しているという事実がある。すなわち進学率の上昇があったということも見落としてはいけない。そのようななか，家庭や地域が子どもの教育を学校に依存していき，それらが本来的に有した教育力を低下させてきた一面にも目を向ける必要があるだろう。

　地域とともにある学校づくりや，信頼される学校づくり，あるいは開かれた学校づくりなど「相互の連携及び協力」のねらいとするところはよくわかる。コミュニティ・スクールの進展は，そのねらいを具現化するもので今後も注目される。保護者や地域住民は，学校教育が教育内容の面で地域社会との連携を模索し，深めてきた経緯や今も深めようとしていること，あるいは「学校化社会」の現実をふまえながら，新しいあり方のなかで意見を述べる必要があるだろう。いっぽうで，教師をはじめ学校教育関係者は，そうした近年の新しいあり方を取り入れつつ教育内容の面をより深めていく必要があるだろう。まさに「それぞれの役割と責任を自覚」しながら「相互の連携及び協力」は進められるべきである。

注
1)　青木和夫監修／蓮見音彦編集『地域社会学』サイエンス社，1991 年，7 ～ 8 頁。
2)　4 月 18 日 1 限目（国際言語・文化学科対象）と 2 限目（史学・文化財学科，人間関係学科対象）に行われた「教育課程論」，ならびに同月 21 日 5 限目（食物栄養科学部，国際経営学部対象）に行われた同じく「教育課程論」で実施した結果である。

3) 『学習指導要領』の「総合的な学習の時間」における「指導計画の作成と内容の取扱い」に明記されている。
4) 中央教育審議会答申「幼稚園，小学校，中学校，高等学校及び特別支援学校の学習指導要領等の改善について」2008 年 1 月，131 頁。
5) 中野光『大正自由教育の研究』黎明書房，1968 年，51 頁。
6) 同上書，57～61 頁。
7) 牧口常三郎『教授の統合中心としての郷土科研究』(牧口常三郎全集　第 3 巻) 第三文明社，1981 年，43～45 頁。
8) 同上書，46 頁。
9) 同上書，48 頁。
10) 『学習指導要領　一般編（試案）』日本書籍，1947 年 3 月。『文部省学習指導要領』(一般編) 日本図書センター，1980 年に収められている。
11) 前掲 4) 答申，16～17 頁では「子どもたちの現状と課題」に関する内容に続き，その「課題の背景・原因」が「社会全体や家庭・地域の変化」との関連により述べられている。
12) 前掲 4) 答申，146～147 頁では「家庭や地域との連携・協力の推進」が述べられている。
13) 「第 1 章　コミュニティ・スクール (学校運営協議会制度) の概要」『コミュニティ・スクール事例集』2008 年 3 月，8 頁。事例集は，文部科学省のホームページで公開されている (http://www.mext.go.jp/a_menu/shotou/community/school/detail/1311295.htm)。
14) 同上概要，8 頁。
15) 文部科学省のホームページの「コミュニティ・スクールの指定状況」を参照 (http://www.mext.go.jp/a_menu/shotou/community/school/detail/1311498.htm)。
16) 前掲 13) 概要，9 頁。
17) 前掲 13) 事例集。

参考文献
・新井郁男『学校教育と地域社会』ぎょうせい，1984 年。
・細谷俊夫・奥田真丈・河野重男・今野喜清編『新教育学大事典』第一法規出版，1990 年。
・藤田英典・田中孝彦・寺崎弘昭『教育学入門』岩波書店，1997 年。
・伊藤俊夫編『学校と地域の教育力を結ぶ―子どもたちに豊かな体験を―』財団法人全日本社会教育連合会，2001 年。
・中野光『学校改革の史的原像「大正自由教育」の系譜をたどって』黎明書房，2008 年。
・解説教育六法編修委員会編『解説教育六法 2011　平成 23 年版』三省堂，2011 年。

第5章
教育課程を考える

　今日の教育課題の一つに教育課程（カリキュラム）の再構築問題がある。従来の教育課程は必修教科，道徳，特別活動をもって構成されてきたが，1998（平成10）年の改訂により「総合的な学習の時間」「選択教科」「学校設定の教科・科目」を組み入れることが奨励された。いわゆる「ゆとり」教育を展開するための条件を提供することがねらいである。しかしながら，これらをどのように組み入れるのか，組み入れることをとおして教育課程の全体構造をどのように再構築してゆくべきかなど，教育現場においては諸般の事情もあって，これに関する原理的考察の機会に恵まれてこなかったように思われる。

　こうした状況のもと，文部科学省および同省の諮問機関である教育課程審議会は2008（平成20）年に新学習指導要領をとおして新教育課程を公示，教育方針の転換を図った。いわゆる「ゆとり」教育を児童・生徒の学力低下の主要因ととらえ，これの縮減に踏み切る一方，主要教科重視の教育課程編成に着手することを教育現場に要請したのである。文部科学省は新教育課程の構築に際し，児童・生徒の状況および地域社会の特色を考慮することを求めているが，これらをどのように組み入れるべきかについての見解は明らかにしていない。教育現場の創意工夫に期待しているのであろう。今後の教育現場の動向を注意深く見守る必要があろう。本章では，以上のような問題意識を持ちながら教育課程を次のような順序に従って論及することとする。

第5章　教育課程を考える

1　教育課程の概念

(1)　教育課程とは何か

　教育課程とは"Curriculum"（カリキュラム）の日本語訳である。一説によると，語源はラテン語のククレ"Currere"，すなわち競走馬の「走路」，あるいは「人生の来歴」「履歴」に由来するという。その後16世紀頃になると，さまざまな教育機関において教授される教科目やその内容を含む教育計画の全体像を示す教育用語に転化したという[1]。

　教育課程という教育用語が日本にもたらされたのは戦後のことで，連合国軍総司令部（GHQ）の下部組織の一つ，すなわちCIE（Civil Information and Education Section　民間情報教育局）の主導による教育の民主化，とりわけアメリカモデルのそれが進むに伴い，学科課程，あるいは教科課程から教育課程へと改められた。教科外活動（Extra-curricular Activities）である学級活動や部活動の重要性が日本教育界に認識されたからである。こうしたことから，当初教育課程は，「教育目標を達成するために学校において用意された経験の総体」であると理解されていたようである[2]。こうした定義は，アメリカを代表する教育研究者ジョン・デューイ（J. Dewey 1859-1952）の唱える経験主義教育論に依拠したもので，学習内容の全体像と学習の手順を示した"Course of Study"（日本語訳は「学習指導要領」）とほぼ同義であった。

　1951（昭和26）年に公布された「学習指導要領（一般編）」を見ると，このことは明らかで，教育課程とは「児童や生徒たちが望ましい成長を遂げるために必要な諸経験をかれらに提供しようとする全体的計画」であると規定されている。これを教育法規上において明確にしたのは，1950（昭和25）年に改正の学校教育法施行規則である。同施行規則第25条は「小学校の教育課程」という教育用語を初めて使用し，「小学校の教育課程については学習指導要領の基準による」と定めた。同施行規則の公布を契機に，日本では教育課程と学習指導

要領は同義と理解され,さらに1958(昭和33)年に公布の学習指導要領から法的拘束力が強まり,教育課程は事実上学習指導要領によって規定されることとなった。

　1989(平成元)年公布の学習指導要領によれば,教育課程は「教科・道徳および特別活動」によって編成されることとなった。これは学校における教育活動を明確に二つの課程に分けたもので,科学と文化に関する学習内容は教科課程(教科活動),生活と道徳に関するそれは教科外課程(教科外活動)として組織されるべきであるとする考え方が示された。やや古典的な表現ではあるが,前者は科学的認識能力の育成を目的とする「陶冶」"Bildung"であり,後者は道徳性や価値感の育成を目的とする「訓育」"Erziehung"ということができよう。

　それでは,教科課程を構成する諸教科間の関係はどうなっているのであろうか。教科外課程を構成する諸領域のそれはどうなっているのであろうか。そして教科課程と教科外課程の関係はどうなっているのであろうか。まず,教科課程を構成する諸教科であるが,いずれも当該する学問の性格を反映しており,したがって固有の価値と独自な使命や機能を有している。かりに使命や機能面に視点を当てたくくり方をすれば,道具教科・基礎教科(算数・数学・国語・外国語),内容教科(理科・社会),技能教科(工作・技術・体育),表現教科(音楽・図画・美術)に分類することができよう。道具教科(Tool Subject)・基礎教科とは諸教科を学習するうえで必要不可欠の道具(用具)を学習する教科のことであり,内容教科(Content Subject)とは当該する学問の研究成果に依拠しつつ知識を系統的に学習する教科のことである。技能教科および表現教科とは,ある一定程度の技能を修得したうえで,表現活動や制作活動を試みる教科といってよいであろう。しかしながら,こうしたくくり方は絶対的なものではなく,人間の形成過程や認識活動のどのような側面に視点を当てるかによって,教科課程のくくり方や教科間の関係のあり方は異なってくるものと思われる[3]。

　教科外課程は,学校生活や学級活動において,児童・生徒が直面する人間

関係や生き方あり方に関する諸問題を取り上げ，これらを集団的に解決させることをとおして，彼らの人生観や価値観，道徳性，社会性，および人間関係をつくり上げる能力などを修得し実践させることを使命としている。したがって，教科外課程（活動）の具体的な有り様は，学校を取り巻く地域社会（原則として学区 School District）や家庭の状況によって大きく左右されることになる。

　すでに述べたとおり，教科外活動が教育課程のなかに取り込まれたのは，1951（昭和26）年に公布の学習指導要領が最初である。これを教科外活動の「課程化」（Curricularization）と呼んでいるが，同指導要領によると教科外課程としての特別教育活動は「（学級会）ホームルーム」「（児童会）生徒会」「クラブ活動」「生徒集会」をもって構成されていた。その後「生徒集会」が廃止となり，特別教育活動とは別に「学校行事等」という新領域が教科外課程のなかに設定されている。この新領域の設定により，児童・生徒は学年規模や学校規模の諸行事に積極的に取り組むことが可能となり，学校教育の目標である児童・生徒の主体性や自主性，さらには協調性の組織的育成が期待されることとなった。しかしながら，この新領域独自の目標はついぞ公示されることはなく，したがって学校行事等が軽視される傾向にあったことから，1960年代後半になると，特別教育活動と学校行事等は統合されて「特別活動」となった。これにより，教科外課程は学校行事領域を重視する傾向が再度強まり，児童・生徒の自主性と協調性の育成をめざして長く運営されることになる。

　教科外課程の領域構成に大きな変動をみたのは，1998（平成10）年の学習指導要領の改訂以後のことである。同改訂により中学校・高校における「クラブ活動」が廃止されたからである。「クラブ活動」は学校外において展開されることになった。生涯学習社会の到来と相まって，身体能力の促進や特殊技能の鍛錬は自己責任において行われるべきであるとする考え方が広まり，地域社会がこれを担うこととなったのである[4]。

　最後に教科課程と教科外課程の関係性を簡潔に示しておこう。当然のことながら，両者は相互補完的かつ相互環流的関係性を有するべきである。今野

喜清によれば，両者は「教科の学習を通じて自然や社会についての科学的認識を深める過程で，日常生活過程の問題に対する態度や行動の変化が起こる」という関係性をに保つべきだという[5]。こうした両者の理想的関係性を実態のあるものにするためには，関係性のあり方を教育現場において日常的に試行することが必要不可欠となろう。

(2) 教育課程編成の基本原理

ここでは教育課程の編成原理と基本形態について述べてみよう。

① 教育課程編成の基本原理

教育課程を編成するに際し，基本となる原理原則は次のようである。まず児童・生徒についてであるが，彼らは常に生活環境や自然環境，学習対象と直面し対峙する存在であり，これらに立ち向かいつつ試行錯誤をくり返しながら処理を行い問題を解決しようとする存在である。こうした試行錯誤や問題解決をとおして自ら成長・発達を遂げることになる。これを学習対象からみると，彼らの成長・発達を促進し保障する学習内容の組み立て方を考案する必要がある。さらに，生活環境や自然環境との関係においてこれをみると，彼らの生活経験にできる限り依拠した教科外活動を設定する必要がある。総じて，児童・生徒の教育過程において，成長・発達のあり方（道筋）と各教科の性格を規定する学問の論理（知識体系）をどのように統合するのか，これが教育課程を編成する際の最大の課題であろう[6]。

これに次ぐ課題は，各教科の学習内容をどのような原理原則に従って組織するのかがそれである。換言すれば，教科課程編成のあり方に関する問題である。これに際しては，社会機能に力点をおいたシーケンス（Sequence）とスコープ（Scope）が有効な手段になると考えられている。周知のとおり，シーケンスとは教科課程における縦軸，すなわち時間軸であり，児童・生徒による学習活動の連続性（Continuity）と接続性（Articulation）を保障することをめざして考案されたものである。スコープとは教科課程における横軸であり，彼らの学習対象

第5章 教育課程を考える

の範囲とその程度を配慮するために考案されたものである。この縦軸（シーケンス）と横軸（スコープ）をどのように切り結び，構造化された学習内容をつくり上げてゆくのか，これは古くて新しい問題であり，常に教育現場に課せられている教育課程編成上の最重要課題といってよい[7]。

　教育課程を編成するに際し，看過できないものがある。日本国憲法，教育基本法，学校教育法をはじめとする教育法規である。これら教育法規が制定されたことにより，就学前教育，初等・中等教育（普通教育・専門教育）の内容は，教育法規の定める規定の範囲内において構想されることとなった。教育基本法が明記しているとおり，いかなる児童・生徒も教育の機会均等の原理に基づいて共通の学習内容が提供されるのであり，その限りにおいて現在の学校における教育課程は平等主義の原則に則って編成されているといってよい[8]。児童の生活指導，生徒の進路指導や職業選択（教科外活動）に際しても，平等主義の原則に即して展開されるべきであるが，ここでは児童・生徒の独自な能力や素質，適性等が考慮されて教科外課程を編成することも必要であろう。時と場合によって，「能力主義」に基づいた編成原理が優先されることもありえるのである[9]。教育課程編成に際し，平等主義と「能力主義」をどのようにバランスをとるべきか，これも教育課程編成上の重要課題の一つである。また，学校は社会的組織体であり，地域社会との連携によって運営されている。したがって教育課程編成にあたっては，当該校の財政的条件はもとより，学校を取り巻く地域や家庭の諸状況，すなわち社会的条件や社会的要求が考慮されることになる。

　次に指摘すべきは，教育課程が学校制度（制度的条件）に強く影響を受けていることである。とりわけ，中等学校が総合化と一貫性をめざした教育課程編成を志向している点に留意する必要があろう。われわれは，現行の6・3・3制を一貫した単線型学校制度と理解している。97％を超える高校進学率を当然のことのように受け止めているが，実は高校（後期中等教育）は義務教育課程ではなく，しかもこの後期中等段階の学校制度全体構造に

おける位置づけは曖昧であり，その概念も明確ではないのである[10]。後期中等教育を6・3制教育課程（義務教育課程）の延長課程と規定するのか，高等教育機関への進学準備教育課程，あるいは将来の職業選択のための準備教育課程と規定するのかをめぐって教育世論は大きく二つに分かれている。こうした中等教育機関が内包する根本的問題を解決するためには，いくつかの高校が連携して職業準備教育（専門教育）と普通教育を有機的に結びつける教育課程を編成することをとおして，地域社会の核（Core）となり，地域の人々に当該校の多機能と存在価値を認知されることが必要であろう。こうした観点に立脚した教育課程に関する研究は，欧米諸国ではすでに着手されており，アメリカの総合制ハイ・スクール，ドイツのコレーク・シューレ，イギリスのシックス・フォームやターシャリー・カレッジなどでは一定程度の成果を生み出している[11]。いずれも普通教育と職業準備教育の統合，あるいは連携が重視され，両者の系統（Trucking）間にみられる乖離状況を可能な限り解消しようとする具体的方策が模索されている[12]。

　最後に指摘すべきは，児童・生徒の個性的な成長・発達を保障する教育課程の編成原理をうち立てることができるかどうかである。一般的にいえば，個性的な発達を図るためには，一人ひとりの学習がそれぞれの能力や適性に応じて個性的に成立することを認め，これをできる限り実現せしむる諸条件を整備し，新たな学習方法を考案するということであろう。個性を伸張する教育課程の編成原理，換言すれば教育の個性化，授業の個性化を進める際の観点を提示すれば以下のようである。(ア) 個性に応じて目標を個別化すること，(イ) 一つの目標に対して学習の方法を個別化すること，(ウ) 目標も方法も個別化すること，がそれである。目標を個別化した場合，児童・生徒が身につけている基礎・基本をいかに個別的に活用するのか，個々の目標達成のために必要とする基礎・基本をどのように学習させてゆくのかなどを配慮して授業の個別化を考案する必要があろう。学習方法を個別化した場合，児童・生徒の学習タイプ，すなわち納得がいくまで先へ進まないタイプ，あるいはまず目標地点まで進み，

第5章　教育課程を考える

あとから学習プロセスの良否や合理性・非合理性を確認するタイプなどがある。いづれにしても，児童・生徒の個性を発見することが優先されることになるが，これが強調される所以は，一人ひとりの個性が把握されることにより，一斉授業における教授者と個々の児童・生徒との潜在的コミュニケーションが一定程度成立すると想定されるからである[13]。

　ところで，個性とはいったいいかなるものであろうか。デューイによれば，個と環境との相互作用の「経過」と「結果」とにみられる各人なりのユニークさをさし示すことばであり，子どもは個性的な必要や欲求に基づいて環境に働きかけ，その結果として環境から一定程度の結果を個性的に受けるもので，この一連の活動＝経験を繰り返すことをとおして，子どもの心身の性向，すなわち個性は確立するという[14]。近年，国内外を問わず，教育界ではこの個性確立のメカニズムに着目し，学習の個性的成立のメカニズムを解明しようとする研究が顕著である。日本における注目すべき研究としては，全国個性化教育研究連盟の一連の研究をとりあげることができよう。同連盟は「一人ひとりの望ましい学び方を発見すること」の必要性，およびそのための方法としての「探求」(Inquiry) を考案して脚光を浴びた[15]。その特色を高浦勝義の理論に基づいて要約すると次のようになる。探求とは「仮説－検証を基本とする科学的な問題解決の活動」であり，問題解決の活動とはさまざまな問題的場面に遭遇した際，これを解決された場面へと転換するために意識的に形成された組織的な活動であると思われる。それは，問題的場面－問題の形成的場面－仮説の形成場面－仮説の検証場面を経て段階的に解決されるものといえよう。当然のことながら，人間は一定の行動性向をもち，意識的であるにせよ，無意識的であるにせよ，ある特定の行動をとるのであるが，予期しえなかった一定の環境 (事象，事件，人間関係など) に遭遇した場合，個人は獲得している知識や能力などを駆使し，これの解決を図るにもかかわらず，処理できない状況に陥ることがある。これが上記の問題的場面 (A Problematic Situation) であり，いわば環境との不均衡状態である。個人は環境との均衡状態＝安定状態を回復すべく，意識的自

覚的に,「行為の停止」を引き起こしている諸条件を理性的に整理する行動をとることになる。これが前記の問題の形成的場面(Specify Problem)である。ここでは主に事実や知識の収集,確認,知覚,想起などの作業(Operation)が進められることになる。次の段階は解決のための方策を形成する段階,すなわち仮説の形成場面(Building Hypothsesis)である。事実や知識の分類,比較,関連づけを行い,さらに進んで解釈,類推,推論を下すことになる。導かれた方策＝仮説が真に問題を解決するために有効であるかどうかを確かめる段階が仮説の検証(Testing the Hypothsesis by Overt Action)である。環境との均衡関係が成立すれば,問題は解決された場面を迎えることになる(A Determinated Situation)。これが「探求」による学び方学習の基本であり,教育課程編成の基本原理であるともいえよう[16]。

② 教育課程の基本形態

ここではアメリカにおけるカリキュラム研究の第一人者ホプキンス(L.T.Hopkins)によって,および戦後教育改革を契機に日本教育界において提起された代表的カリキュラム案を取り上げ,それらを紹介してみよう[17]。すでにみてきたように,カリキュラムといえば知識を重視する立場から編成されるのであるが,欧米において児童中心主義の教育運動が昂揚すると,学習者と学習のあり方を重視する立場からこれを編成する動きが起こり普及してゆく。やがて前者は「教科(知識重視)型」カリキュラム,後者は「経験(児童中心)型」カリキュラムと命名されるのであるが,その後これらを対極に据えて中間的なカリキュラムが相次いで考案されることになる。コア・カリキュラム,相関カリキュラム,融合カリキュラムなどが代表的事例である。まず(ア)教科カリキュラムをみてみよう。これは教科・科目が相互に独立かつ並列し,それぞれの教育内容は学問体系と知識の分類に従って構成されている。(イ)経験カリキュラムは教育内容を児童・生徒の生活経験や彼らの教育要求に基づいて構成されるものである。教育内容は児童・生徒とともに考案され,時と場合によって変容することが認められている。これに伴って,教授者側の立案した教育計

画も変更を余儀なくされることになる。(ウ) コア・カリキュラムは中核 (Core) をもったカリキュラムであり，コアをどのような内容にするかによって性格が異なってくる。コアに修得すべき基本的知識を配置すれば教科型のコア・カリキュラムとなり，コアに児童・生徒の生活課題などを設定し，これを解決するために必要不可欠な基本的知識をコアの周辺に配置すれば経験型のコア・カリキュラムとなる。(エ) 相関カリキュラムは各教科の独自性を保ちつつ，教科間の重複部分を排除する一方，教科間の密接な関係性をうち立てながら授業を進めることが目的である。(オ) 融合カリキュラムは教科の枠を取り払い，各教科のなかの類似部分を融合させながら授業を進めることが目的である[18]。

　カリキュラムの類型（編成方法）を考える場合，以上のような「構成原理」に基づくカリキュラムとは別に，「履修原理」に基づくそれがあることに留意する必要がある。安彦忠彦や續有恒によれば，「履修原理」に基づくそれは義務教育課程にみられるカリキュラムのあり方で，年齢主義教育課程と課程主義教育課程に分かれるという。前者は「一定の年齢から年齢まで，一定の年数就学することを義務づけているもので，教育内容の修得の度合いは原則的にとわない」ことになっている。後者は「子どもが教育課程を，一定の合格基準以上の教育内容を学習し，修得した場合に初めて進級，修了が認められるもので，原理的には年齢や年数は無関係のもの」である[19]。

2　教育課程の変革を求める社会変動

(1)　発達観と学習観の転換

　厚生労働省が発表した 2007 年の簡易生命表によれば，日本人の平均寿命は男性がおよそ 79.00 歳，女性がおよそ 85.81 歳と長く，今やわが国は世界最長寿国である。学校教育終了年齢を 18 歳とすれば，それ以降の生存期間はおよそ 60 有余年，社会の第一線から退く年齢を 60 歳前後とすれば，以後の人生はおよそ 20 有余年にも及ぶことになる。少産化傾向のはなはだしい今日，子

育てを終えた女性の後半生は男性の後半生をはるかに上回るといってよい。当然のことながら，こうした長寿化と少産化はライフサイクル (Life Cycle) の概念やライフステージ (Life Stage) 設定のあり方にきわめて重要な影響を及ぼしつつある。乳幼児期や青少年期はもとより，人生の最も長い成人期をいかに生きるか，これに続く老年期をどのようにすごすかといった問題が社会的関心事となり，同時に一人ひとりの創意工夫により主体的に生きることが許され奨励されるにいたったのである[20]。こうしたライフサイクルの概念とライフステージ設定のあり方に重要な影響を及ぼしたもう一つの要因として，社会のIT化をあげることができる。比較行動学の創始者として著名なローレンツ (K. Lorenz) によれば，文明の高度な進歩発展，とりわけハイテク社会の到来は人間の肉体的成熟と人格的成熟とのギャップを大きくし，「大人の幼児化」(Neoteny) 傾向を引き起こしているという。大人の自律心の低下と依存心の増大，忍耐力の低下と妥協性の増強がその顕著な傾向であり，これらは成人期以前の各ライフステージにおいて，達成されるべき発達課題 (Develop mental Tasks) が十分に解決されなかったことに由来するという[21]。これが一般的現象であるとすれば，成人期以前の各ライフステージにおける従来の発達課題そのものの再検討はもとより，成人期の各ライフステージにおいても，「大人の幼児化」の克服を目的とする新たな発達課題設定の必要性が生じてきたといってよい。この意味において，成人期の中間に位置する中年期（30代後半〜50代後半）をアイデンティティの不適応現象が起こる発達的危機期ととらえ，生涯発達における中年期の意味と重要性を明らかにしたアメリカ心理学者レビンソン (D. J. Levinson)，グールド (R.L.Guld)，ヴェイラント (G. E. Vaillant) らの研究は注目に値する[22]。また，成人期のあとに位置する老年期についての見方も修正を加えるべきであるとする見解が提示されており，老年期を人生の収束期とする従来の規定を修正して，「専門性を生かし，あるいは異なった自由な生き方を選ぶという自己決定力がみなぎっている」円熟期と規定する波多野誼余夫らの提言は生物学上の発達観に基づいて構築された教育学上の発達観の転換

を迫る画期的提言として注目すべきである[23]。人間はその生涯をかけて，生きるための力量の獲得，維持，増強に努めるのであるが，こうした営みを継続することは決して容易ではない。社会変革が急ピッチで進展する時代には，生きるための力量のあり方，およびこれの獲得，維持，増強の方法も異なってくると考えられるからである。

(2) ライフステージの発達課題と生きるための力量

　生きるための力量はさまざまな力の合力であると考えてよいのであるが，合力の完成には長い時間と努力が必要であり，しかもそれぞれの力を発達課題としてとらえた場合，各ライフステージにおいて漸次獲得されていくものと考えることができる。生きるための力量については，世界の教育文化団体や専門機関からさまざまな見解が提示されている。これらのうち注目すべき見解を示したのは，教育普及活動や識字教育に早くから取り組んできたユネスコである。ユネスコが1985年に発表した「学習権宣言」に基づいて，生きるための力量を示せば次のようになる[24]。

　a. 知力（読み書きできる力），b. 体力（生命を維持，増強し，健康な生活を営むことができる力），c. 思考力・思索力（問い続け深く考えることができる力），d. 創造力（想像し創造することができる力），e. 情動力（自分自身の世界を読み取ることができる力），f. 意志力（自らの歴史を主体的につくり変えていくことができる力），g. 技術力（道具をつくり，機械を操作する力），h. 相互理解力（自己を表現し他者の心を読み取ることができる力），i. 交信力（情報を収集，処理し，これを正確に伝達する力）

　人間の生きるための力量とは以上のような力の合力ということになろう。多様な力の合力化は，各ライフステージにおける成長，発達をとおして達成されるのであるが，この過程は単純ではなく，ライフステージによって獲得される

力量は異なり，その方法も変化すると考えるべきであろう．乳児期では，体力の一応の成熟，および知力と技術力，意志力の一定程度の発達がみられる．この時期の成長，発達の舞台は家庭であり，両親の厚い保護のもとで営まれることになる．幼児期では，体力の増強と知力の顕著な発達がみられ，さらに玩具や小道具を器用に使いこなすことができる技術力，ものごとを一定程度継続的に遂行できる意志力および行動力も萌芽する．また会話による他者との意思疎通も可能であり，情動力も発達して非現実的な夢や自己の将来像を語ることができる．児童期では，体力の増強が特に顕著で，これに伴って行動力も飛躍的に発達する．好奇心も旺盛で知力と情動力の発達が促進される一方，意志力も強くなりこれがときとして他者との対峙関係を引き起こすことになる．この時期の発達の舞台は家庭から学校に移り，ここで一日の大半を学習と課外活動に充てるのであるが，知力の発達を一層促進するべく，この時期は学校教育をとおして各個別々に獲得された知識の系統化に全力が注がれることになる[25]．青年前期すなわち思春期の到来とともに成長，発達の新たな飛躍が始まるのは周知のとおりである．体力の面では第二次性徴がみられ，情動力も活発に働き，交信力や相互理解力の飛躍的発達が期待される．しかしながら，こうした大人への脱皮＝第二の誕生の過程では挫折感や焦燥感に襲われ，しばしば発達上の危機がおとずれる．この時期の課題は危機克服を図るための体力と意志力の増強，および知力と技術力の開発に焦点化できるのであるが，これらの促進に与って力あるのは，デューイの提起する「経験と教育」である．広範な経験と未知の知的世界との交信により，自己アイデンティティの確立と人生におけるキャリア確定のための準備を進めるのである．これに続く青年後期では，当然のことながら，自己アイデンティティの確立と人生におけるキャリア確定をめざした知力と技術力の開発が求められることになる．これを促すのは高度な専門教育であるが，この時期にはより広範な経験も必要で，これをとおして社会人として保持すべき交信力と相互理解力，および自己コントロールできる程度に発達した意志力と情動力の獲得が期待される[26]．

（3） 生涯発達と学校教育

すでに述べたとおり，ライフステージにおける学校段階は児童期と青年前期を合わせた12年間であり，これのライフサイクルに占める期間はきわめて短い。しかしながら，ライフサイクルにおける発達課題の有り様をみた場合，この段階はその後の生き方に重大な影響を及ぼす発達課題を解決すること，すなわち生きるための基本的力量の養成と獲得が求められる段階であり，しかもそれを1日の大半をすごす学校教育をとおして実現することが求められる。ここでは，こうした発達課題を担う学校教育の基本的役割を，生涯発達の観点からまとめてみよう。まず指摘すべき役割は，自己教育力，すなわち学び方を学ぶことおよび自ら学ぶ意欲をはぐくむことである。学校教育修了以後の学習は，いかにすぐれた教育施設や設備，学習プログラムが職場や地域社会に整備されても，各自の学習意思が生起しない限り成立しない。学習意思は学ぶ必要性が認識され，さらに学ぶ対象や状況が本人にとって関係のあるものと認識されてはじめて生起するのではあるが，学習意欲は学習することの楽しさ，学習することによって得られる充実感を経験していなければ湧き立たないものである。この学習意欲をいかにはぐくむかについて，波多野誼余夫は内発的動機づけに関する心理学の研究成果から導きだした「効力感」という新しいキーワードを駆使して次のように述べている。「効力感」とは無力感に対峙する概念で「努力すれば好ましい変化を達成できるという自信や見通しをもつだけでなく，それがバネになって意欲的に生きいきと環境に働きかけている，という状況」であり，この「効力感」を獲得するためには三つの要件が必要であるという[27]。第1の要件は自分の行動をコントロールするのは自分であるという自律性の感覚で満たされていること，第2の要件は，他者との暖かいやりとり，特に仲間からの好意的関心や応答が得られること，決して競争的関心であってはならないこと，第3の要件は，熟達感，すなわち目的が達成される際，これの評価を他人の判断に委ねることなく，いずれも価値ある成長であり熟達であるといった実感が得られること，がそれである。これによると，「勉強ぎらい」や「人間ぎ

らい」人間を生み出し,不登校現象を生起させる偏差値重視の学校教育では,学習意欲をはぐくむことはきわめて困難であることがわかる。これと同時に学校教育はテクニックとしての学び方を身につけさせておく必要もある。学習をスムーズに進めるための資料や情報の入手方法,獲得したこれらの活用方法と処理方法,さらには学習効果をあげるための方法を身につけることにより,学習の結果を予想できるのであり,結果が予想できることにより学習することの楽しさと充実感を味わうことができるのである。これが新たな学習意欲を湧き立たせる内的契機となるのはいうまでもない[28]。

次に指摘すべき役割は,基礎・基本を獲得させることである。現行学習指導要領はこの基礎・基本について「今まではすべての子供にとって共通な内容としてとらえられていたけれども,これからはもっと弾力的なものとして柔軟に考えていったほうが良い。単に知識や技能だけではなく,思考・判断・学習意欲,そういったものの総体」であると述べている[29]。この文脈から判断すると,たしかに従来の知識中心の学習,すなわち一元的能力主義に基づく学習概念を否定し,「関心・意欲・態度のもち方」,「考え方や判断の仕方」「表現の仕方」「情報処理の仕方」などの学び方を学ぶことが学習であると定義されているのであるが,基礎・基本の獲得の必要性が否定されたわけではない。自ら学習していくためには一定程度の基礎学力が必要である。基礎学力とは何かについては,義務教育終了までに身につけた学力,社会生活を送るうえで最低必要な能力,あるいは認識能力の基礎としての読・書・算の能力など,それぞれの立場からさまざまな見解が示されており,統一見解を見出すことは難しい。ここでは,安彦忠彦の示唆的な見解に基づいて次のように定義しておこう[30]。

　基礎とは,それなしにはそれから先の学習のすべてが成り立たない部分である。それは人間の文化活動の基礎として,他の動物のそれと区別する必要不可欠の基礎であり,その後のあらゆる分野の学習の共通の基礎である。読・書・算がこれに相当しよう。基本とは,その基礎の上に立てられる何本

かの柱や幹（教科，科目，分野），あるいはその節や接合点である。基礎との違いはそれが教科，科目，分野ごとに異なっている点である。さらに基本的な教育内容の特徴を示せば次のようになろう。(ア) 基本的な教育内容は科学の進歩に伴って漸次その領域と分野が確定されてきたこと，(イ) これを習得する際，ある種の感動や美意識を伴うこと，とくに新しい世界，未知の世界への興味，関心を誘うにたる感動を伴うこと，また，基本的な教育内容の質的・量的変化に左右されることなく，常に新たな妥当性，有効性を繰り返し提示できること，(ウ) 一見完結的な様態にあるが，一歩踏み込むと随所に扉があり，学習が進捗するに従い，学問世界の深い奥行きを実感させること，がそれである。こうした基礎・基本に関する見解を考慮すると，「関心・意欲・態度のもち方」あるいはさまざまな「仕方」を学ぶ，いわゆる学び方学習は，本質的な基礎・基本の学習過程において習得される性格のものといってよい。

3　新学習指導要領教育課程の特色と課題

文部科学省は，2008（平成20）年3月『小学校学習指導要領』および『中学校学習指導要領』を，翌2009（平成21）年3月『高等学校学習指導要領』を公示，21世紀日本の学校教育の全体像を明らかにした。同書「総則編」によれば，(ア)「生きる力」という理念の共有，(イ) 基礎的・基本的な知識・技能の習得，(ウ) 思考力・判断力・表現力等の育成，(エ) 確かな学力を確立するために必要な時間の確保，(オ) 学習意欲の向上や学習習慣の確立，(カ) 豊かな心や健やかな体の育成のための指導の充実などが共通の目標であるという。また，同書「総則編」に示された「教育課程の基準」と「教育課程の編成及び実施」によれば，各学校段階別の教育課程の特色は次のようである。(ア) 小学校の教育課程の場合，授業時間数の増加，外国語活動の新設，総合的な学習の時間の縮減，(イ) 中学校の教育課程の場合，授業時間数の増加，選択教科の縮減，総合的学習の時間の縮減，部活動の重視，(ウ) 高校の教育課程の場合，国語・数学・

外国語のみ共通必履修科目を新設，総合的な学習の時間の弾力的取り扱い（縮減）となっている。主要教科・科目の授業時間数を増加させる一方，「ゆとり」教育の象徴であった総合的な学習の時間は学校や地域の状況に応じて適時実施することを求めているのである。また，限定つきではあるが，文部科学省は都道府県教育委員会などに権限を委譲する方向で検討に入るという。いわゆる従来の「はどめ規定」の見直しを行う一方，各学校の独自な教育活動を奨励する姿勢を鮮明にしたいのであろう。これにより，独自な教科・科目の設定，創意工夫をこらした授業の実践などが各学校の判断において展開できることになるが，このことは，競争原理による学校運営の積極的容認であり，学校間格差は一層拡大することになろう。児童・生徒の個性的発達，すなわち個性的人材の育成を使命としていた「ゆとり」教育の「良心」はやがて消滅することになろう。

注

1) 佐藤学『カリキュラムの批評ー公共性の再構築へ』世織書房，1996年。佐藤学『教育方法学』岩波書店，2000年。
2) 今野喜清『教育課程論』第一法規出版，1981年。柴田義松『教育課程』有斐閣2000年。その他，肥田野直・稲垣忠彦編『教育課程総論』東京大学出版会，1971年。安彦忠彦編『カリキュラム研究入門・新版』頸草書房，1999年，などを参照した。
3) 山口満・遠藤昭彦編『道徳教育と特別活動』協同出版，1992年。古垣光一編『生徒指導論』くらすなや書店，2005年。「教科と教科外課程」日本カリキュラム学会編『現代カリキュラム事典』ぎょうせい，2001年，28～29頁。
4) 竹内常一他編『講座・日本の学力』日本標準，1975年。細谷俊夫『教育方法（第4版）』岩波書店，1991年。芦田宏「用具教科・内容教科・技能教科」日本カリキュラム学会編『現代カリキュラム事典』ぎょうせい，2001年，31頁。遠藤忠「教科外教育の目標とカリキュラム」日本カリキュラム学会編『現代カリキュラム事典』ぎょうせい，2001年，104頁。
5) 今野喜清『教育課程論』第一法規出版，1981年。
6) 今野喜清「カリキュラム」細谷俊夫・奥田真丈他編『新教育学事典』第一法規出版，1990年，41～42頁。
7) 「シーケン・スコープ」日本社会科教育学会編『社会科教育事典』ぎょうせい，2000年62頁。アーティキュレーションとは「絶え間ない前進的発展をもたらす部分と部分との適切な関係を意味し，教育においては，すべての子どもが学校生活に

おけるあらゆる地点で，最大限の進歩をもたらすような学校単位間及び学校内部の調整と関連性を意味する」もので，単線型学校体系をいち早く確立したアメリカでは，当初学校段階間の有機的関連性と連続性を保ち，教育の効率性を高める立場から，その後子どもの発達過程の連続性を保障する立場から，学校階梯の接続関係に関する研究を推進している。前者の立場は中等教育と高等教育との接続関係，後者のそれは初等教育と中等教育との接続関係のあり方を主要研究課題とするものであるが，いずれにしてもアメリカプラグマティズムの教育理論，とりわけ「教育の過程は連続的な成長の過程であり，その各段階の目標は成長する能力をさらに増進することにある」とするデューイ（J. Dewey）の教育理論に依拠している。

8) 教育課程編成にかかわりを有する代表的な教育法規類は次のとおりである。日本国憲法，教育基本法，学校教育法，学校教育法施行令，学校教育法施行規則，地方教育行政の組織及び運営に関する法律，学校保健法，定数標準法，教科書発行臨時措置法，学習指導要領，子どもの権利に関する条約。（樋口直宏・林尚示・牛尾直行『実践に活かす教育課程論・教育方法論』学事出版，2002年）。

9) 教職問題研究会編『教科外教育の理論と実践 Q&A』ミネルヴァ書房，2000年。古垣光一編『生徒指導論』くらすなや書店，2005年。今野喜清「カリキュラム」細谷俊夫・奥田真丈他編『新教育学事典』第一法規出版，1990年，41～42頁。

10) 渡部宗助「戦後日本における中学校と高等学校の間」手塚武彦編『中等教育の制度再編成の動向』国立教育政策研究所，1988年。門脇厚司他編『高等学校の社会史』東信堂，1992年。

11) 菊池英昭「アメリカにおける中等教育課程の改革論と総合制ハイスクールの変容」手塚武彦編『中等教育の制度再編の動向』国立教育政策研究所，1988年。二宮皓編『世界の学校―教育制度から日常の学校風景まで』学事出版，2006年。

12) 木村浩「中等教育の一貫制と普通・職業教育の統合に関する比較考察」手塚武彦編『中等教育の制度再編の動向』国立教育政策研究所，1988年。

13) 木下康彦「基礎・基本と授業の個性化」日本教育評価研究会編『指導と評価』第38巻第7号，1992年。

14) 高浦勝義はデューイの"Democracy and Education"（松野安男訳『民主主義と教育（上）』岩波書店，1975年，187頁）を援用して，学び方の個性的成立について次のように述べている。「知識や事実は子どもの活動＝経験＝環境の相互作用の過程において，それらが必要であり有用である（手段的価値）としてとり入れられ，たしかにそのようであることが明らかになったとき，よく獲得されるのである。このため，逆にいえば，単に記憶すべきものとして，自らの必要をぬきにして獲得された知識は，子どもにとってどのような有用さがあるのか，したがってまたどのように使えばよいのかといった，まさに個性的な理解をぬきにしたものであり，これでは知識は子どものその後の経験（環境との相互作用）に生きて働くものとはならないといえよう。」（高浦勝義『生活科の考え方進め方』黎明書房，1989年）。

15) 高浦勝義「自己評価力を高める学習の実現」教育調査研究所編『教育展望』5月号，1992年。石坂和夫「なぜ個性化・個別化教育なのか」全国個性化教育研究連盟編『個性を育てる』創刊号，1987年。

16) 加藤幸次・高浦勝義『個性化教育の創造』明治図書，1989年。
17) 田中耕治・水原克敏他編『新しい時代の教育課程』有斐閣，2005年。
18) 安彦忠彦編『カリキュラム研究入門・新版』頸草書房，1999年。
19) 安彦忠彦「カリキュラムの類型」細谷俊夫・奥田真丈他編『新教育学事典』1990年，第一法規出版，55～57頁。
20) 藤永保『人間発達と初期環境』有斐閣，1987年。藤永保他『子育ての発達心理学』大修館書店，2005年。R.J.ハヴィガースト著　荘司雅子訳『人間の発達課題と教育』牧書店，1957年。
21) K. Lorenz（1903～ ）, *Evolution and modification of behavior*, Chicago Uniersty, 1965. 森隆夫「幼児化した大人」教育と医学の会編『教育と医学』第39巻第9号，1991年。福島章『幼児化の時代』光文社，1982年。小此木啓吾『モラトリアム人間の精神構造』中央公論社，1979年。
22) D. J. Levinson, *The seasons of a man'life*, Alfred A.Knopt 1987.（南博訳『人生の四季―中年期をいかに生きるか』講談社，1980年）R.C.Guld, *Transformations*, Academic Press 1978. G.E.Vaillant *Adaptation of Life*, Little, Brawn & Co. 1989. 岡本祐子「中年期の自我同一性に関する研究」日本教育心理学会編『教育心理学研究』第33巻，1985年。西平直喜『成人になること』東京大学出版会，1990年。
23) 波多野誼余夫・高橋恵子『生涯発達の心理学』岩波書店，1990年。
24) ユネスコの「学習権宣言」の各国生涯教育に及ぼした影響については、国立教育政策研究所編『各国生涯学習に関する研究報告』(1992年)，松浦充良「理念としての『生涯教育』『生涯学習』『学習社会』」(現代アメリカ教育研究会編『生涯学習をめざすアメリカの挑戦』教育開発研究所，1993年)を参照した。
25) 桑原敏明「生涯発達と生涯教育」教育と医学の会編『教育と医学』第41巻第4号，1993年。竹内常一「新しい学習観の創造」全国生活指導研究協議会編『生活指導』第451号，1993年。麻生誠『生涯発達と生涯教育』放送大学教育振興会，1993年。市川昭午編『改訂・生涯教育の理論と構造』教育開発研究所，1985年。
26) 井上健治『子どもの発達と環境』東京大学出版会，1979年。波多野完治『続・生涯発達論』小学館，1985年。
27) 波多野誼余夫編『自己学習能力を育てる』東京大学出版会，1992年。
28) 中村秀行「意欲について」教育科学研究会編『教育』No. 566，1993年。
29) 奥田真丈・高岡浩二『新しい学力観と評価観』小学館，1992年。
30) 安彦忠彦「基礎学力と社会的能力」佐藤三郎編『教育方法』東信堂，1986年。

参考文献
・教師養成研究会編『資料解説教育原理』学芸図書，1981年。
・細谷俊夫・奥田真丈他編『新教育学事典』第一法規出版，1990年。
・日本教育方法学会編『教育課程・方法の改革』明治図書，1999年。
・日本カリキュラム学会編『現代カリキュラム事典』ぎょうせい，2001年。

第5章　教育課程を考える

・安彦忠彦他編『現代学校教育大事典・新版』ぎょうせい，2002年。
・山﨑準二『教育の課程・方法・評価』梓出版，2002年。
・山口満編著『現代カリキュラム研究・新版』学文社，2005年。

第6章
教育方法の開発と技術

　教育方法は，教育の内容や対象と密接なかかわりをもっている。何を教えるのか，また誰に教えるのかによって自ずと教育方法は異なってくる。さまざまな教育方法を学び，内容や対象に応じてそれを工夫，応用しながら授業や学習指導を実践していくことが教師には求められている。さらに教育方法には，それをより効率的に実行するための技術が伴うものである。この技術は一見，地味なものであるが，決して侮れないものである。本章では，まず先人たちの教育方法に学び，現在の学校ではどのような教育方法が用いられているのか，授業はどのようにつくられていくのか，どんな教材や指導の技術が必要なのか，新しい取組みにはどんなものがあるのかをみていくことにしたい。

1　教育方法の原理

　教育方法を考えるうえで最も大切にしなければならないのは，児童・生徒本位の学習指導が成立しているかどうかという点である。教育方法を計画し施行する際の基礎となる部分を，先人たちが開発した教育方法を学ぶところから始めよう。

(1)　子どもの心を開発する—コメニウスの直観教授法—

　コメニウス (J. A. Comenius 1592-1670) は，1632 年に『大教授学』[1]を著し，当時行われていた書物中心の注入主義教育を批判して，知識は実際に観察することによって獲得されるべきものだと主張した。物事の本質を見る「直観」

教授法を提唱したのである。植物の学習を例にいうならば、植物事典で植物の名前や特徴を知るよりも、その植物を実際に観察することによって五感をとおして得た知識を重視することをめざした。花の色の鮮やかさや甘い香り、葉や茎の細かな毛や厚みなどは触れてみて初めてわかることである。その観察や触

頭①は上、足⑳は下です。
首②（肩までですが）の前側はのど③、後ろ側はうなじ④です。
胸⑤は前で、後ろは背中⑥です。女性は乳頭のついた二つの乳房⑦を胸にもっています。
胸の下は腹⑨です。その中心にへそ⑩が、下には下腹⑪と陰部があります。
背中の上に肩甲骨⑫〔けんこうこつ〕があり、そこに肩⑬がくっついています。この上に腕⑭がひじ⑮をともなってあり、
　それから両側に手、つまり右手⑧、と左手⑯があります。
腰部⑰が座骨⑱とともに肩からつづき、そして臀部〔でんぶ〕に尻⑲があります。
大腿㉑、それから下腿㉓（中間にひざ㉒）が脚部をなしています。そこにふくらはぎが脛骨㉕〔けいこつ〕をともない、
さらにくるぶし㉖、かかと㉗および足の裏㉘、最後に４本の他の指をともなった親指㉙があります。

図6-1　『世界図絵』

感で子どもたちは心を動かされ，植物の名前や特徴といった知識を自分のなかに定着させていく。コメニウスはまた，この直観を大事にした教材として『世界図絵』[2](1658年)を著した。『世界図絵』はラテン語の言語教科書で，絵に付された番号とその名称が対応するように編集されている。実物とはいかないまでも視覚に訴える教材は，学習者にとって印象深い知識となって定着したはずである。

　なお，コメニウスの直観を大事にした教授法はペスタロッチ (J. H. Pestalozzi 1746-1827) に受け継がれた。子どもが本来もっている能力を開発することに主眼を置いたペスタロッチの教育方法は世界中に普及していくことになる。

　このことから，私たちが学べる教育方法の原理は，「子どもの心を動かす」という点である。どんな教科のどんな教材，教育方法にしても，それが児童・生徒になんらかの刺激を与え，物事の本質を捉えたものであることが求められる。

(2)　授業は段階を踏んで展開する―ヘルバルト学派の五段階教授法―

　ヘルバルト (J. F. Herbart 1776-1841) とその継承者によって開発されたのが五段階教授法である。ヘルバルトは1806年に『一般教育学』を著し，教育の究極的な目的は「品性の陶冶」にあると主張した。また，教育は「管理・教授・訓練」の3側面で構成されるとし，「管理」は放っておけば好き勝手をする子どもたちの欲望を統制して教室環境を整えること，「教授」は知識の伝達，学習指導そのもの，「訓練」は教師の働きかけにより子どもたちが学んだ知識と子どもたちの意志を統合させることであるといった。このうち最も重視されたのが「教授」である。ヘルバルトは教授の過程を「専心」(対象に没頭する過程)・「致思」(そこで得たものを自分のなかに定着させる過程) に分け，それをさらに「明瞭―連合―系統―方法」の4段階に区分した。その後，ツィラー (T.Ziller 1817-1882) が「分析―総合―連合―系統―方法」とヘルバルトの「明瞭」の段階を二つに分けたが，いずれも認識過程を定式化したものであった。これをより実際的に教授の段階として提示したのがライン (W.Rein 1847-1929) である。

ラインは，予備（学習の動機づけ）―提示（新しい教材の提示）―比較（新しい知識と既得の知識の比較）―概括（新しい知識の体系化）―応用（新しい知識を活用し定着を図る）の五段階教授法を提唱した。

　後述するが，現在，学校で行われている授業の多くは，導入―展開―整理の3段階で構成されている。簡素化されてはいるものの，この授業や単元の教授を段階的に示す発想は，ヘルバルト学派の五段階教授法によるところが大きい。

　ここから得られる教育方法の原理は，児童・生徒の学習は段階を踏んで展開されるという点である。さらにいえば，児童・生徒の発達段階をみながら学習段階を計画していくことが教育方法には求められている。

(3)　子どもの経験・主体性を重視する―デューイの問題解決学習―

　どのように教えるかという教師中心の教育方法とはまったく異なる発想から，子どもの興味や主体的な活動を重視した教育方法を開発したのがデューイ（J. Dewey 1859-1952）である。デューイがシカゴ大学付設の実験学校で行ったのは，作業や経験のなかで子どもがぶつかった問題を子ども自身が克服していく問題解決学習，経験および過程重視の教育方法であった。教師の役割は学習活動を準備したり支援することが中心となる。

　キルパトリック（W.T.Kilpatrick 1871-1965）のプロジェクトメソッド（1918）も方法原理は共通している。もともと1エーカーの土地を耕し，小麦を栽培・収穫する農業の家庭実習に端を発した教育方法で，子ども自身が計画を立て，問題解決を行いながら知識や経験を習得するところに特徴がある。キルパトリックは人間の学習を「目的的活動」＝「なすことによって学ぶ」とし，目的―計画―実行―判断の4段階のプロセスを示した。

　デューイやキルパトリックから学べる教育方法の原理は，児童・生徒の経験や主体性を重視するという点にある。後に述べるが，現行の学習指導の形態では，児童・生徒の学習は受身になりやすい。また，児童・生徒が自ら課題を立てる学習にも限界はある。しかしながら，経験を重んじること，主体的に学ば

せることは，教育方法を計画する側が自覚しておかなければ忘れられがちな教育方法の重要な原理の一つである。

2 学習指導の形態

(1) 一斉教授

　学校教育のなかで最も一般的な学習指導の形態が一斉教授であろう。一つの教室のなかに40名前後の生徒が着席し，黒板を背にした一人の教師が教科書などの教材を用いて授業を行う形態である。この効率的な教育方法はコメニウスによって考案されたほか，ベル（A. Bell 1753-1841）とランカスター（J. Lancaster 1778-1838）のモニトリアルシステムにも通じるものがある。

　モニトリアルシステムは大教室での授業に一人の教師のほか，モニター（助教）を数名配置し，学習内容の定着を図る工夫があった。一斉教授は一定の内容を同時に教授できる点では合理的な教育方法であるが，学習内容が本当に定着したのかどうか，個人差に対応できない難点がある。

図6-2　モニトリアルシステム

(2) 個別学習

　個別学習や自学自習といった教育方法は，個人個人の興味・関心や習熟度に対応できる点で優れている。近代以前の教育機関ではこのスタイルが最も一般的だった。幕末の私塾を思い浮かべてほしい。吉田松陰(1830-1859)の松下村塾[3]には，高杉晋作や伊藤博文など幕末から明治維新期に活躍した志士が学んでいたが，ここで松陰が用いた教育方法はマンツーマンの個別学習だった。塾生一人ひとりの適性を見きわめ，それぞれに適した教材を松陰は与えていた。緒方洪庵(1810-1863)の適塾[4]にも福沢諭吉，大鳥圭介など塾生が学んでいたが，オランダ語の習得は塾生たちの自治による自学自習が基本だった。

　パーカスト(H. Parkurst 1887-1973)のダルトン・プラン(1922)も個別学習を取り入れた教育方法である。パーカストは教科を主要教科(数学，歴史，理科，国語，地理，外国語)とそれ以外の教科(音楽，体育など)に分け，主要教科は午前中に生徒の自学自習を基本とした個別学習で行い，それ以外の教科は午後にクラス単位で行うことにした。生徒は午前中の時間割を自分で組み，契約(アサインメント)を交わし，研究室と名づけられたそれぞれの部屋に入って勉強する。教科別の研究室には教師が待機していて，生徒からの質問に答える仕組みになっていた。また午後のホームルームの時間にはわからないところをもち寄り相談しあう時間も設けられていた。正確にいえば，個別学習を重視しながらも教科によっては一斉教授を取り入れた教育方法が開発されていたわけである。

　個別学習は個人の興味関心や習熟度，学習ペースなどを考慮できる点で優れている。スキナー(Skinner, Burrhus. F. 1904-1990)がプログラム学習を提唱し，ティーチングマシンを考案したのは1950年代のことであるが，現代ではパソコンの普及や学習ソフトの開発により，習熟度別の教育方法は，ますます進歩している。

(3) グループ学習

　グループ学習は，理科の実験や家庭科の調理実習，社会科で行われる課題

学習や調査活動，ディスカッションなどで用いられる学習形態である。生徒同士の交流があり，他者の意見や行動を見聞きすることによって互いに啓発したり，社会性を育てることが期待できる。しかしながら，グループ学習では構成メンバーのモチベーション，学習活動量，協力度などに差があることが多い。リーダーがまるで貧乏くじを引いたかのように学習活動の大半を押しつけられているようなケースもある。グループ間でも大変に充実した学習活動のできるグループとそうでないグループに分かれてしまうことがある。教師はそれぞれのグループを巡回しながら，生徒の個人差にも注意し，それぞれの生徒の学習が保障されるように努める必要がある。

3　授業づくり――学習指導案の作成

(1)　授業づくりに必要な力

　授業は本来創造するものであり，2度と同じ授業はできない。教科書会社の発行する教師用指導書や授業用例集の類もあるが，それらは参考書としては利用しても，そのとおりにやればよいというマニュアルではない。教師が授業をつくるうえで必要なのは，① 担当教科目に関する知識や技能，② 生徒の実態（学力，学習意欲，発達段階など）を把握する力，③「伝えたい」という熱意であろう。この3点はどれが欠けてもよい授業はつくれない。

　担当教科目に関する知識や技能はあればあるほどよい。知識や技能の引き出しを教師がたくさんもっていれば，その分だけ教育方法や教材も開発できるものである。教科書に書かれていることはミニマムエッセンスなのだから，その10倍，20倍の知識や技能が必要になる。

　ところが知識や技能をたくさんもっていればそれでいいというわけでもない。もともと授業は生徒が主人公である。教師がどれだけ立派に自分の専門領域について話せたかが大事なのではなく，生徒がどれだけわかったか，豊かな学習活動ができたかが問われているのである。そのためにまず診断的評価（事前に

生徒の実態を把握すること）を行う。診断的評価では，授業単元について生徒がどのくらいの予備知識をもっているか，興味関心はあるか，学習環境や設備はどうか，クラスや生徒の雰囲気はどうかといったことを事前に調査する。その結果を勘案し，教材は教科書か副次的なものを用いるか，教育方法は講義形式なのか演習を入れるのか，学習形態は一斉なのかグループなのかと計画を練っていく。この計画書が学習指導案ということになる。あくまで「案」であるから，実際の授業がそれと多少異なっても構わない。

さて，生徒の実態を把握して授業計画も立てることができたとしよう。次に必要なのは，伝えたいという教師の熱意である。「教師の熱意」といってしまえば一言で済むが，それはとてつもないエネルギーや忍耐力を要するものである。自分自身の経験を振り返ってみてほしい。中学生，高校生の時期に，目を爛々と輝かせて授業に臨んだ人はどれだけいるだろうか。部活で疲れた身体を引き摺って，ゲームで夜更かしして睡魔に襲われながら授業を受けているという生徒は少なからずいる。そうした生徒に学習意欲を喚起し，学習内容をわかりやすく伝え定着させることが教師には求められているのである。

(2) 授業づくりの過程——学習指導案の作成——

それでは少し具体的に授業づくりの過程をみていくことにしよう。一般的に授業づくりの過程は，単元の決定⇒単元のねらいの確認⇒内容精査⇒教材研究⇒学習指導案の作成（発問や板書計画をふくむ）⇒授業⇒評価という流れをたどる。

① 単元の決定

ひとまとまりの学習内容のことを単元という。学習内容は文部科学省の学習指導要領により学校種別，教科別に規定されている。各教科書の目次は学習指導要領の項目をもとに立てられているので，目次の「章」または「節」が学習内容のひとまとまり＝単元ということになる。一般的には主たる教材である教科書を用いて，目次の順に学習していく。教科書を使わない授業の場合は教師

が単元を決定する。単元のねらいは学習指導要領で確認するとよい。もちろん教師自身が単元のねらいを主体的に決定するわけであるが，学習内容に偏りがないか，重要な事項を落としていないかを確認するためにも有効である。

② 内容精査

内容精査とは簡単にいえば教師自身の勉強である。単元について教師自身の知識は充分なのか，教科書の一字一句を自分の言葉で説明することができるかどうか，翻訳するような気持ちで確認する作業が必要である。先にも述べたとおり，授業では教師の知識のホンの一部，精選したものを生徒に伝えるのであるから，知識の裾野は広くなくてはわかりやすい解説はできないのである。英語をはじめとする外国語の教科目では発音，体育科では実技，情報科ではパソコンの操作など技能を磨いておくこと，教師自身のスキルアップも大切である。

③ 教材研究

内容精査が済んだら次は教材研究に入る。内容精査を教材研究にふくめていう場合もあるがここでは分けて考えることにしたい。内容精査が教師自身の勉強であるとしたら，教材研究は生徒を念頭においた単元の内容研究である。先に述べた生徒の実態の把握をもとに，教材として何を用いるのか，教材のどこに重きをおいて何をどういう順序で伝えていくのかを検討していく。また，1単位時間である50分をすべて一斉教授にするのか，グループ学習や個別学習を取り入れるのか，この段階で教育方法も選んでいくことになる。

教材研究は教科によって様相が異なる。理科など実験系の教科であれば，教師は生徒が行う実験を事前にやってみることが必要である。グループ人数は何人が適切なのか，実験でつまずきやすいところはどこか，どのくらいの時間配分でいけばいいのかを前もって研究しておかなければならない。家庭科の調理実習でも同じことがいえるだろう。情報科を考えてみよう。情報科ではPCを使った演習系の授業が多くなる。PC（パソコン）は生徒個々人の能力に開きがあるので，TT（ティームティーチング）で複数の教師が担当する場合がある。担当教師はまず自分自身がどんなPCトラブルにも対

応できるだけの運用技術を身につけておかなければならないし，生徒のつまずきを予想した学習指導展開，TT の教師たちとの役割分担などもふくめて教材および教育方法の開発は尽きない。

④　学習指導案の作成

内容精査と教材研究の結果は，学習指導案（教案・授業案ともいう）という授業計画を作成することで整理されていく。サンプルとして掲載したのは高校の地歴科世界史 A の学習指導案である。学習指導案には小・中・高といった学校段階，教科・科目，授業形態などによってさまざまな様式があるが，授業計画を最も表現しやすい型を用いればよい。単元全体の学習指導計画（何時間扱いにするか）を立てたあと，各時間ごとの学習指導案を作成していく。

⑤　学習の段階

学習指導案の左端「時間配分」欄を縦に見ていくと，導入－展開－整理という学習の段階が示されている。導入は学習環境を整え，学習の動機づけを行う時間である。前時の復習に充てられる場合もあるが，本時の学習にスムーズに入っていけるように準備のための時間といえる。展開は生徒の学習活動そのもので，教師の解説を聞き，教材に取り組むことによって知識・理解を深め，思考・判断し，単元によっては技能を身につけ表現するといった一連の学習活動が展開する時間である。整理は学習活動を体系的に整理し定着させる時間となる。50 分授業であれば，導入と整理に 5 分程度の時間が配分され，残りの 40 分が展開に充てられる。展開は内容的に 2 ～ 3 の柱を立てて構成されることが多い。

⑥　学習内容

学習内容（教師の側からみれば指導内容）は，おもに学習の流れを記入していく。学習項目を箇条書きであげていく場合が多い。表記の仕方は体言止めでも文でも構わないが，学習内容が明確になっていることが重要である。

⑦　学習活動

生徒の学習活動を記入する。小・中学生の場合はグループ学習や体験型の

授業など多様な学習活動が考えられるが，高校生ともなると受身の授業が多くなる。身体を動かすことは少ないが，生徒の思考が働いていればそれは学習活動である。学習活動欄には生徒が何をどれだけ理解するのかを具体的に書いて欲しい。たとえば，「三国同盟内の対立を理解する」ではなく，「三国同盟の中でも，イタリア・オーストリア間には未回収のイタリアをめぐり対立があったことを理解する」といったところまで記入するのが望ましい。

⑧ 指導上の留意点

この欄は「指導」上の留意点なので，教師の立場から指導の際，どんなところに注意して授業を進めていくか，ポイントになるところを記入していく。生徒がつまずきそうなところを予測し，どんな具体例を用いて理解に供するかなどが記入されるとよい。指導上の留意点は「教師の援助」などの文言におき換えられている指導案もある。

(3) 授業の評価

ここでは授業の評価方法を二つ紹介しておきたい。

まず生徒の学習活動を評価する「観点別評価」がある。① 関心・意欲・態度，② 知識・理解，③ 思考・判断，④ 技能・表現の四つの観点から生徒の授業への取組みを評価する方法である。この観点別評価は裏返せば，授業を計画する際に多様な学習活動が準備できているかを点検する項目としても使える。50分授業のなかにこの4点をすべて組み入れるのは難しいかもしれないが，数時間扱いの単元のなかならば可能であろう。

次に教師が授業に対して行う評価として，診断評価―形成評価―総合評価がある。この評価はB. S. ブルーム（B. S. Bloom 1913-1999）によって提唱された。先にも少し述べたが，診断評価とは新しい単元や授業に入る前に，生徒がそのことにどれだけ興味・関心をもっているか，学習能力や技能はどのくらい身についているかなどを「事前」に評価するものである。形成評価は単元や授業の「途中」で行われ，生徒の到達度や学習のつまずき具合を把握し，授業の進行

第6章　教育方法の開発と技術

表5-1　高等学校地理歴史科（世界史A）学習指導案

1. 単元名　二つの世界大戦　（教科書『現代の世界史A　改訂版』　山川出版社）
2. 単元の目標　第一次世界大戦と第二次世界大戦の原因や総力戦としての性格，それらが及ぼした影響を理解させ，平和の意義などについて考察させる。（学習指導要領より）
3. 単元の指導計画　第一次世界大戦とロシア革命（3時間）　1/3時間：本時　以下略
4. 本時の指導目標　第一次世界大戦前のヨーロッパ列強の対立関係を理解させる。
5. 本時の指導計画

時間配分	学習内容	生徒の学習活動	教師の援助・指導上の留意点	教材・資料
導入（5分）	20世紀前半の世界はどんな時代だったか。	20世紀前半には二つの大きな世界戦争があったこと，日本はどちらにも参戦していることを想起する。	本時は単元「二つの世界大戦」全体の導入にあたるので，時代背景や単元のねらい，位置づけを説明する。	
	単元のねらい	この単元では二つの世界戦争の経緯や，戦争後どのような世界秩序や体制が構築されたかを，学習することを確認する。		
	本時の学習内容の提示	本時は第一次世界大戦について学習することを知る。		
展開1（25分）	第一次世界大戦前のヨーロッパ列強の対立関係 1　三国協商vs三国同盟 1-①　三国協商内の関係	1-①　三国協商が締結される以前のイギリス・フランス・ロシアの関係を知る。（指名された生徒は教科書p.137,1～5行目までを読む）	1-①　イギリス・フランス間にはアフリカ植民地の問題（エジプト，モロッコをめぐるファショダ事件），イギリス・ロシア間にはイランをめぐる対立があったことを説明する。さらにイギリス・フランス・ロシアはドイツの威圧的外交や軍事力を危険視し，それまでの植民地問題などを解決して三国協商に至ったことの説明を加える。	教科書p137と図「列強の対立関係」参照
	1-②　三国同盟内の関係	1-②　三国同盟内のなかでも，イタリア・オーストリア間には「未回収のイタリア」をめぐり対立があったことを理解する。	1-②　イタリアはフランスとのチュニジア問題を解決し，伊仏同盟を結んだことを説明する。	

	1-③ 協商国と同盟国の関係	1-③ 協商国と同盟国との対立関係には、フランス・ドイツ間にアルザス・ロレーヌ領有問題、オーストリア・ロシア間にバルカン問題（民族闘争）、イギリス・ドイツ間に建艦戦争や3B・3C問題があったことを理解する。	1-③ 地図を用いて紛争の位置を示し、ヨーロッパ全土が各国の勢力争いの場となっていたことを説明する。	
展開2（15分）	2 ヨーロッパの火薬庫バルカン半島	（指名された生徒は教科書p.137-6～p.138-1行目までを読む）		
	発問：バルカン戦争前後のバルカン半島地図をみて気づいたことは？	バルカン戦争前後のバルカン半島と周辺の国々を地図で確認する。	バルカン戦争によってギリシア・ブルガリア・セルビアの領土が拡大したことに気づかせる。	
	2-① 民族闘争	2-① ヨーロッパにはパン=スラヴ主義とパン=ゲルマン主義の闘争があったことを知る。	2-① パン=スラヴ主義は、ブルガリアの独立により、パン=ゲルマン主義はボスニア・ヘルツェゴヴィナ併合によりそれぞれの勢力が拡大したことを説明する。	
	2-② 第一次バルカン戦争	2-② 第一次バルカン戦争はバルカン同盟とオスマン帝国との戦争であることを知る。	2-② バルカン同盟側にはスラヴ主義拡大を狙うロシアの支援が、オスマン帝国側にはゲルマン主義拡大を狙うオーストリアの支援があった事の説明を加える。	教科書p.92、p.98のバルカン半島の地図、p.137～138参照
	2-③ 第二次バルカン戦争	2-③ 第二次バルカン戦争は、バルカン同盟内で起こった戦争であること、その結果ブルガリアがバルカン同盟内で孤立することを理解する。	2-③ 第二次バルカン戦争ではブルガリアがギリシア・セルビアなどと領土をめぐる対立によるものだということ、そして第二次ではブルガリアをオーストリアが支援していたことの説明を加える。	
	3 第一次世界大戦の勃発から終結まで			
	3-① サライェヴォ事件	3-① 1914年6月にサライェヴォでオーストリア皇位継承者がセルビアの青年に暗殺され、これをきっかけに第一次世界大戦が勃発することを知る。	3-① サライェヴォ事件の背景や影響について説明を加える。	
整理（5分）	本時のまとめ	第一次世界大戦前のヨーロッパ列強の対立関係を、三国同盟と三国協商、第一次・第二次バルカン戦争を中心にノートを見ながら振り返る。	適宜、内容確認の発問をし、生徒が理解していない点について補足説明を行う。	
	次時の予告	次時はサライェヴォ事件によって開戦した第一次世界大戦の各国の動きについて学習することを知る。		

にその場で活かしていくための評価である。総合評価は単元や授業の「終了後」に学習目標の到達度を総合的に評価するものである。事前―過程―事後の評価と置き換えることも可能であろう。評価というと単元や授業終了後のテストを想起しがちであるが，実際には多様な評価があり，それを反映させた授業づくりが求められているのである。

4 学習指導の技術

(1) 板書

　教師は授業のなかで板書をしながら学習内容を説明したり，ポイントを整理したりする。生徒は板書された事項をノートに記録しながら学習を進めていく。何気なく書かれているようにみえる板書であるが，その良し悪しによって生徒の理解度にも影響を及ぼすものである。授業を行うにあたり，板書計画をあらかじめ立てておくことが重要となる。以下，板書の技術に関する基本的事項をあげておく。

① 学習の振り返りの場

　たった1度の授業で学習内容をすべて理解する生徒はそう多くはない。中高生であれば，中間や期末の試験前にノートを見返して学習内容を思い出すのが常であろう。要するに板書は，授業中の生徒の理解を助けるだけでなく，生徒がノートに写すことで学習の振り返りの場として機能するわけである。教師はそのことを念頭に板書計画を準備する必要がある。まず，生徒がどんな学習教材（教科書，資料集など）をもっているのかを確認し，重複を避け，簡素化，図式化するなどして，ポイントを整理する。また，なんの授業であるかがわかるように，授業のテーマ（教科書の章・節名，頁など）を最初に大きく明記する。

② 板書の量

　板書の量は授業形式によっても異なってくるが，黒板を2分の1に区切って横書きで書いた場合，1面 (0.5×2) から2面 (0.5×4) に収めるのが理想的である。

板書が残っていれば授業の最後に本時の学習内容を復習するのに使うこともできる。実際は黒板の設備や教師の身長によっても1面に書ける板書の量は異なるので臨機応変に対応するしかない。

板書内容を消すときは生徒に声をかけてから0.5面(半面)ずつ消していく。生徒が板書をノートにとるスピードはかなり遅いので考慮する必要がある。「捨て板書」(ノートにとる必要のない説明用の板書)のコーナーをあらかじめつくっておくと便利である。板書の量が2面を超えるような場合は,整理用プリントを用いるなどの工夫が必要である。

③ **色使いと記号**

チョークの色使い(赤・黄・白),記号(◎,○,⇒,→など)の用い方に原則をつくっておく。色チョークの赤は生徒の座席の位置によっては見づらく,黄が多く用いられている。数字はⅠ→1→(1)→①の順に用いていく。

矢印を用いる場合は,その矢印が示す意味を考えて使う。時間の経過なのか,因果関係なのか。無意味な矢印は用いない。

④ **留意点**

ノートは本来,生徒が自分自身のためにつくるものであるが,板書を写しただけで満足してしまう傾向が往々にしてある。中学生の段階では,教師の板書がノートのまとめ方の見本にもなるのできちんと計画しておきたい。また,自分の考えをまとめて書くなど,写すだけでは済まないノートにする仕掛けも用意しておきたい。

(2) **発問**

授業にはさまざまな形式があるが,一斉授業(講義形式)における発問は,生徒と教師の数少ない対話のきっかけになる。発問を通じて,生徒が興味や関心をもって思考できるように授業を運んでいくことが求められる。したがって主要な発問は,その問いかけ方,言葉,タイミングなどをよく吟味して準備しておく必要がある。高校生の場合,必ずしも返答があるわけではないが,問いか

けることによって生徒の思考に働きかけることに意味があるのである。

① 発問の種類

　発問には「重さ」がある。ここで「重さ」というのは，ただ事実関係を確認するだけの，生徒が簡単に答えられる発問なのか，授業内容の本質にかかわるような思考・判断を伴う発問なのか，それとも特に答えを求めない全体への問いかけなのかといった発問の種類をいう。生徒の興味関心や学習の理解には個人差があるので，発問はさまざまな「重さ」のものを用意した方がよい。以下に中学校社会科歴史分野の単元からいくつかの発問例を検討してみよう。

a. 織田信長を知っていますか。知っていることを発表してください。
b. （長篠の戦いの合戦図を見て）どちらが信長軍ですか。
c. 信長は初めて戦で鉄砲を使った武将ですが，当時，新兵器であった鉄砲を使うことにより戦法はどのように変わったでしょうか。
d. 織田信長という名前は皆さんも聞いたことがあるでしょう。「鳴かぬなら殺してしまえホトトギス」というように，短気で戦のイメージが強いかもしれませんが，実際にはどのような政策を行った人なのでしょうか。
e. 信長の継承者である秀吉はどうしてキリスト教を禁止したのでしょうか。

　aは知っていることを答えればよい発問，bは鉄砲を使っているのが信長軍であることがわかれば答えられる発問，cは想像力を働かせる発問，dはすぐに答えを求めるのではなく，授業のテーマそのものを大きく投げかける発問，eは授業内容に直接かかわる本質的な発問というように類別することができる。用意した発問をどこで投げかけるか，授業の導入で使うことによって内容に興味をもたせるような発問，展開のなかで授業の課題に迫っていくような発問，授業の最後に学習内容を確認するような発問と，授業の文脈に位置づいた発問が求められる。

② 発問の言葉と表現

　当然のことながら，発問は生徒にとってわかりやすい言葉と表現を用いる。何を問われているのかが明確でなければならない。たとえば，「秀吉は

全国統一後,何をしたでしょうか」という発問がある。この発問が授業の導入時に,全体に向けて問いかけられたならば,今日の授業テーマが秀吉の全国統一であるということを提示したことになり有意義である。ところが,授業の展開の段階である生徒を指名してこの発問をしたならば,生徒はあまりにも漠然とした発問になんと答えていいか戸惑うだろう。これを「秀吉が全国統一後,最初に行った政策は何ですか」と問われれば,「統一後,最初」という時期と「政策」という範囲が示されたことで考えやすくなる。このように発問の言葉や表現はよく吟味することが大切である。また,発問が難しいときは補助的な発問をする(ヒントを出す)ことがあるが,主発問との間にブレがないことが大切である。

(3)　机間指導

　発問のほかに生徒とコミュニケーションをとる機会があるとすれば机間指導である。机間指導は生徒が板書事項をノートに写す間や簡単な作業を課したときに行われる。ここでは生徒の学習状況や進度をチェックし,学習の進んでいる生徒には退屈させないように新たな課題を与えたり,遅れている生徒には補足説明を行うことができる。生徒からの質問に答える機会にもなるであろう。板書を教室の後部から見直してみると訂正や追加があることに気づく場合もある。このように机間指導は形成評価(授業の軌道修正)を行う機会でもあるので計画して臨みたい。

(4)　プリントの作成

　補助教材として,または板書の量が多い場合にノート代わりとしてプリントを配布することがある。資料プリント,作業プリント,整理プリントとその目的もさまざまであるが,プリントの作成もある一定の技術を要するものである。パソコン,コピー機や印刷機の発達で今やプリントは容易に作成できるようになったが,その分,安易にプリントが作成される傾向もある。資料プリントで

あれば，生徒が所持している教科書や資料集にないもので，授業の進行上欠かせないもの，生徒の知的興味を広げるものをプリントにする。学習内容の整理プリントであれば，ノート代わりなので生徒がファイルしやすいように通し番号を付し，形式はいつも同じ方がいいだろう。作業プリントであれば，50分間の授業に適当な作業量を検討して作成されたものでなければならない。

以下にプリント作成の技術や留意点を列挙する。また，板書と共通する部分もあるので併せて参考にして欲しい。

a. 目的を明確にし，タイトルを付す。提出させる場合は記名欄を設ける。
b. 紙面（版下）の上下左右には2cm以上の余白を設ける。
c. 濃度を一定にする。写真を掲載する場合は濃度に特に注意する。
d. 鉛筆の原稿は複写して版下にする。印刷機が読み取らない場合がある。
e. 生徒のノートはB5版が多いので，B5またはB4の用紙を用いる。
f. プリントに空欄を用いる場合，生徒が書く文字の大きさを考慮する。特にワープロソフトで作成する場合，空欄は小さくなりやすい。

当たり前のことばかりだが，これらに配慮されたプリントを作成しようと思うと意外に難しい。プリントに不備があり，授業中に訂正をしようとすればロスタイムになり授業計画もくずれてしまう。指導の技術を身につけることはそう難しいことではないが，着実で丁寧な実践が求められているのである。

5　教材の開発——学習指導の新しい試み

教材といってまず思い出されるのは教科書であろう。教科書は「教科の主たる教材」としてほとんどの授業で使用されてきた。しかし，さまざまな教科の授業を思い出してみると，いくつもの副次的な教材があったのではないか。公民科や地歴科，国語科の資料集，英語をはじめとする外国語学習の音声教材，ワークブック，数学の問題集などもあれば，実物や模型などを使って説明された場合もあったであろう。教師のオリジナル教材もあったはずだ。教材や教育

方法は日々開発され，進化してきた。

(1) NIE

ここでは最近浸透してきた試みとしてNIE[5]を紹介しよう。NIEとはNewspaper in Educationの略で「教育に新聞を」という合言葉のもとに，学校教育の教材として新聞を活用することを推進する活動である。日本での導入は1989年からで，新聞を1面から最終面まで，写真や広告など記事以外の部分もふくめて活用すること，複数の新聞を比較して読むことに特色がある。日本の場合は，新聞界と教育界の協同により都道府県単位のNIE組織を結成し，新聞界が学校や家庭に負担をかけずに数種類の新聞を教室に届けている。もともと子どもたちの活字離れ，読書量の低下などを心配して導入された活動であるが，教室では学習意欲を喚起したり，社会に目を向けさせるのに効果を上げているようである。NIEの運営・活用は教師に任されているが，教科別では社会科，国語科，また，総合的学習の時間での利用が多い。具体的な活動の実践例については参考文献を参照してほしい。

(2) 開かれた学校——地域の資源と人材活用——

「開かれた学校」が推進されるようになってから，教育内容・方法面での地域との協同も活発になってきた。地域の商店や農家に職業体験，公的機関の施設を授業で利用，地域の方々や保護者による学習ボランティア，お年寄りの体験談，ゲストティーチャーなど，教師と生徒の密室であった教室が開放され，多様な教育方法が試行されている。教師の授業計画とイニシアティブさえしっかりしていれば，授業の可能性はますます拡大していくであろう。

(3) 教材のデジタル化

2011年7月25日，テレビ放送がアナログからデジタルに切り替わった。今やデジタル化は加速度的に進行している。学校ではすでにインターネットによ

る調べ学習やパワーポイントでの発表など，パソコンを使った学習は行われているが，今後は教科指導における情報通信技術の活用が本格化する。指導者用デジタル教科書の開発が促進され，将来的には学習者一人ひとりにデジタル教科書や情報端末が行きわたるような教育の情報化ビジョンが描かれている。実物投影機や電子黒板といった新たな教育機器とパソコンやデジタルビデオカメラ，TVなどの複合的な利用により授業方法を開発する必要がある。

注
1) 『大教授学』には37原則80法則の「教授原則」があげられている。おもな項目には，① 教育は幼児期に開始され，子どもの年齢段階と能力に適応したものであること，② 個別教授ではなく学級単位の教授が行われること，③ 毎日の学習内容は段階づけられ，生徒は学年別に編成されること，④ 生徒にとって実際に役立つものを教えること，⑤ 法則よりも前に実例を教えること，⑥ 学習の失敗に対する体罰を禁止すること，⑦ 学習は既知のものから未知のものへと進むことなどがある。
2) 『世界図絵』は井ノ口淳三による邦訳がミネルヴァ書房および平凡社から出版されている。図6-1はその一例である。
3) 幕末の私塾。現在の山口県萩市で1842年に開塾。吉田松陰が主宰した期間は1856年から59年。塾生は主に庶民や下級士族の子弟であった。松陰は「相労役」といい，塾生と生活や労働を共にしながら学問に向き合う姿勢を示していた。
4) 現在の大阪市中央区北浜に1838年に開かれた蘭学塾。1862年に蘭学医であった洪庵が江戸に移るまでの四半世紀に612名の塾生が学んだ。
5) NIEは1930年代のアメリカで開始された運動である。WAN（世界新聞協会）の2001年の調査では，NIEの活動を進めている国は52ヵ国となっている。

参考文献
・佐藤学『教育方法学』岩波書店，1996年。
・日本教育方法学会『現代教育方法事典』図書文化社，2004年。
・日本近代教育史事典編集委員会『日本近代教育史事典』平凡社，1972年。
・妹尾彰『NIEの20年』晩成書房，2004年。
・影山清四郎編『学びを開くNIE』春風社，2006年。

第7章
教育の国際化

　日本では，現代社会に生きるために必要な基礎基本を子どもたちが学べるように学校制度をつくり運営している。しかし，ヒトやモノや情報が国境を越えて交錯する現代，学校にも国際化の波が押し寄せてきている。本章では，まず学校で何が起こっているかを知り，さらにその国際化の扉を開いてきた海外および帰国児童・生徒の教育をめぐる取り組み，中国帰国者の子どもの存在，そして特に近年注目される外国人労働者の子どもの教育をめぐる問題を中心として，教育の国際化をみていく。

1　教育の国際化という視点──何が起こっているか

　教育というものは，あるときは普遍的な視点から語られ，あるときは個人的な視点から語られる。さらに，教育が制度として成立し運営される過程では，特定の国家がその国民をどう育てるかということを強く意識する。したがって当然のことながら私たちは日本における日本人の教育を中心として考えることが多い。

　しかし，第二次世界大戦後の日本では，多くの日本国籍以外の人々，いわゆる在日韓国人・朝鮮人・中国人の子どもが日本の公立学校で学ぶという歴史を経験してきた。そのうえに，最近では公立学校に「日本語が十分に使いこなせない子どもたち」が多くはいっていることも無視できない問題として注目されている。

日本語力が十分でない子どものなかには，日本国籍の子どもがいれば外国籍の子どももいる。国籍でとらえきれる問題ではなくむしろ保護者の経歴と，それに伴う子どもの成育歴がかかわってくる。背景として世界各地で起きる戦争や紛争があげられる。たとえば第二次世界大戦後何十年も経過してから日本に帰国したいわゆる中国帰国者（中国残留孤児）とその家族，戦争や紛争が生み出した難民などがこれにあたる。また，日本の経済活動にかかわる人々の移動も背景として指摘できる。たとえば，日本企業の海外進出に伴って増加した日本人駐在員の家族，逆に日本の労働市場が必要としている外国人労働者の家族などがこれにあたる。

このように多様な子どもたちと向き合うことは，いまや学校および教師にとって避けてとおることのできない課題となっている。政府はとかく日本国籍をもった子どもの教育については「法律に定められているため」に熱心であっても，外国籍の子供の教育はなおざりにしがちである。しかし，日本も批准している「子どもの権利条約」にうたわれているように，子どもは人種，宗教，性別等にかかわりなく教育をうける権利をもっているはずであり，それを尊重しなければならないだろう。学校がこうした多様な子どもたちに真剣に向き合うことは，単にその対象となった子どもたちに利益をもたらすだけではなく，日本に生まれ育つ日本人児童・生徒の視野を広げ，国際理解を深めることにもつながる。

このような理由から，以下では教育を「国際化」という視点からみていきたい。

2 海外／帰国児童・生徒——国際化への扉

第二次世界大戦以降，海外に滞在している子どもを海外子女，その後帰国した子どもを帰国子女とよんできたが，最近ではむしろ「子女」にかわって「児童・生徒」（児童は小学生，生徒は中・高校生をさす）という用語が使われるようになった。近年，日本における教育の国際化の扉をたたき，これを押し開けた

のはまさにこの子どもたちであった。

(1) 概況

敗戦後の復興とともに，日本の企業が海外進出するのにともない，海外に家族を伴って駐在する日本人が多くなった。統計[1]によれば，長期滞在の子ども（3か月以上在留している日本人の子どものうち永住者でないもの）は，1988年には4万4123人（小学生3万3103人，中学生1万1020人）であったのが1991年には5万人を超え，2006年には5万8304人（小学生4万4099人，中学生1万4206人）となった。これら駐在員家族の子どもたちのために日本語教育を中心とした教育を目的として現地日本人コミュニティによる努力が世界各地で積み重ねられた。それを日本政府が援助することで初めて全日制の日本人学校が設立されたのがタイのバンコク日本人学校（1956年）であった。2010年現在では全日制日本人学校が88校，補習授業校が201校，私立の在外教育施設が9校あり，海外在住の日本人児童・生徒の教育にあたっている。

このように海外に駐在員家族として滞在し，やがて帰国してくる子どもたちが当然のことながら増加した。海外に1年以上滞在し帰国した児童・生徒数を文部科学省（文部省）の統計[2]でみてみると，1960年代から70年代にかけて4倍以上となり，1979年には小・中・高あわせて6500人を超えた。その後もうなぎのぼりに増加し，1992年には1万3000人以上に到達した。その後日本経済の停滞を反映して漸減したが，最近では1万1千人台で推移している。この数字はその年度中に新たに帰国した子どもたちの数であり，実際には累積している。これだけの子どもたちが海外経験をもって日本の学校に帰ってくるという現実は，日本の学校教育に大きなインパクトを与えたのである。

(2) 海外児童・生徒の教育

海外在住の日本人の子どもは地域によって，また保護者や本人の考えによって異なったタイプの教育を受けている。図7-1に示すように，大きく分けると

第7章　教育の国際化

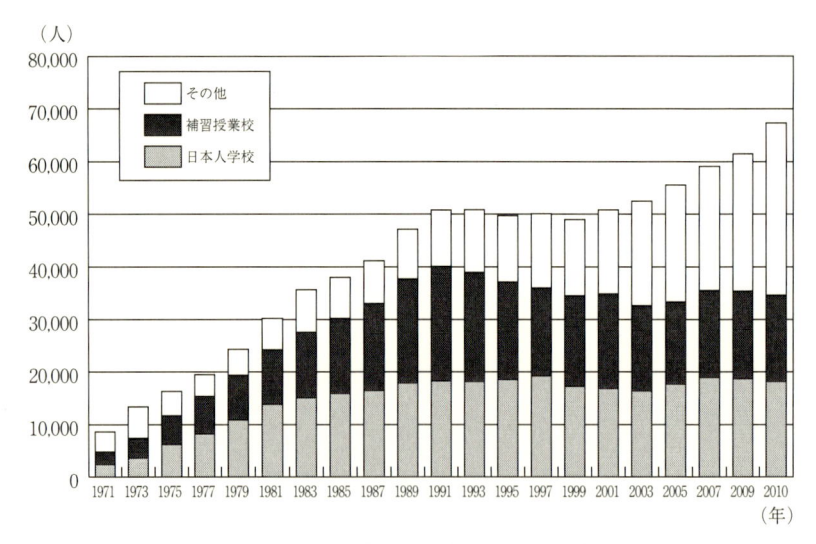

図7-1　海外児童・生徒数推移（就学形態別）
出典：文部科学省「海外子女教育の概要」

次の3種類になる。

・日本人学校（全日制）のみ
・現地校または国際学校（週日）と補習授業校（おもに週末）
・現地校または国際学校のみ

なかには現地校（および補習授業校）での教育を数年間受けた後，帰国を前にして日本人学校に転校するという場合もある。

日本人学校が支持される最大の理由は，渡航前あるいは帰国後の日本での教育との継続性である。海外での滞在期間が自分の意志で確定できない場合が多いことによる不安を回避したいという期待も少なくない。また，渡航するときの子どもの年齢が高ければ高いほど現地語ができないままに現地校に編入学し学習することは容易ではない。地域としては，アジアなどでは現地の教育内容に対する不安感を反映して，日本人学校の需要が高い。

現地校を積極的に選択肢として考えるケースとしては，現地校の教育言語が

国際語（主に英語）であり子どもの将来に役立つと考える場合がある。最近では，英語ばかりでなく，中国語にも注目が集まるようになった。また，日本人学校に通学しない子どもたちのために，文部科学省関連補助事業として通信教育を実施し，帰国時の学校教育にそなえる支援も行っている。

　以下では日本の文部科学省が支援している日本人学校および補習授業校についてみてみよう。

① **日本人学校（全日制）**

　一般的には現地の日本人社会が中心となって学校を設置し運営しており，授業料を徴収したり企業に寄付を求めたりしている点では私立学校である。しかし教員を派遣したり，教科書などの教材を配布したりと様々な支援が日本政府によって行われている。

　学校の規模は2000人以上の大規模校から50人以下の小規模校までさまざまであり，日本と現地との政治・経済関係の変化や，国際情勢により必要に応じて増減している。学校でのカリキュラムは基本的に日本の学校と変わりないが，小学校から現地語や英語などの外国語を取り入れたり，現地社会理解の授業を取り入れたりすることが多い。教科書は日本で最も広く使われているものを文部科学省が選定し，現地の大使館・領事館をとおして子どもたちに無料で配布し，これを用いている。教師については現地の人を一部採用するものの，ほとんどが日本から派遣される。日本の学校での教職経験を持った教師のうちから希望者を募り，文部科学省が選抜し研修したうえで必要な人数の教師を海外に派遣する。これにかかる経費は文部科学省が負担し，海外日本人学校支援の柱となっている。

　このように，日本人学校での教育は日本の学校とほぼ同様であり，子どもにとって日本での勉学と継続性があり移動による負担が少ないという面で，特に短期間の海外駐在者にとってプラスに評価される。しかし，貴重な海外滞在経験をしているにもかかわらず，現地の人との交流がほとんどなく，現地の社会・文化を深く理解する機会をもてないというマイナス面も指摘される。

② 補習授業校

補習授業校というのは前述の日本人学校とはちがって，月曜日から金曜日には現地校や国際学校に通学している日本人の子どもが，土曜日や放課後などを利用して日本語による学習をする場である。第1号はワシントン補習授業校（1958年）であり，2010年現在では56カ国に201校ある。授業時間が限られているため，教科も国語を中心として算数（数学），社会などを教えるにとどまる。教科書は日本人学校と同様に日本と同じものを使うがすべてを学習するわけではない。

ここで子どもの指導にあたるのは現地採用の教師である。留学生や現地にいる日本人がこれにあたる。かならずしも教員免許をもっていたり教職経験があったりするとは限らない。専門的な立場から彼らの指導を行うのが日本の文部科学省から補習授業校に派遣されたり，巡回指導にあたる教師[3]であるが，さらに日本国内でも研究会を開催したり，指導用資料を作成したりして支援をしている。

日本から海外に出たばかりの子どもにとっては現地校での学習や生活が厳しいなかで，補習授業校は日本語で自分自身の能力を発揮できる貴重な場であり，自分を取り戻せる場である。いっぽう，海外滞在が長期間にわたる子どもにとっては，次第に生活の中心が現地社会・現地文化となる。日常生活で日本語を使うことも少なくなり，補習授業校での日本語による学習が次第に困難となってくる。また近年，補習授業校に通う子どもの中には，日本に帰国する予定のない子ども，あるいは国際結婚による子どももみられる。

(3) 帰国児童・生徒の特徴

長期にわたる海外経験を経て日本に帰国する子どもは図7-2に示すとおりで，最近では毎年新たに1万1千人ほどになる。上で述べたとおり，ひとくちに帰国児童・生徒といってもさまざまである。海外に滞在していたときに受けた教育によって子どもたちの経験と身につけてくるものは異なる。全日制の日本人

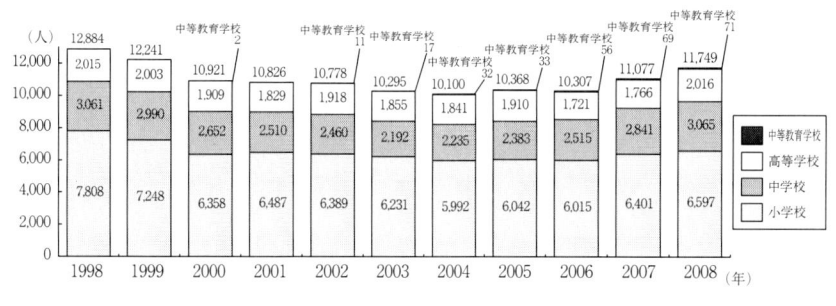

図 7-2 帰国児童・生徒数の動向

注：「帰国児童生徒」とは，海外勤務者の子女で，引き続き1年を超える期間海外に在留し，各年度帰国した児童生徒を言う。
出典：文部科学省「学校基本調査」

学校で学んだ子どもは，帰国児童・生徒のうち約3分の1を占めている。かれらは外国に滞在はしていても日本とあまり変わらない教育を受けていることになり，帰国時に日本の公立学校に編入学した場合，本人も受け入れた学校もあまり困難を感じないですむ。

しかし，つぎの3分の1の子どもは現地校または国際学校と補習授業校で学んでから帰国しているため，海外での滞在期間が長くなればなるほど，帰国後日本のカリキュラムにそった学習が困難になってくる。あとの3分の1は，もっぱら現地の学校あるいは国際学校で学んで，現地社会・文化を中心として海外生活を送る場合であり，これは増加傾向にある。当然のことながら，補習授業校での経験を経た子どもたちよりも，さらに「日本」からは遠ざかっている。

このようにして海外で生活を送り，そして帰国してきた子どもが日本の学校に編入学してくると，言葉の問題だけではなく，学習内容，学校文化，生活習慣のちがいも問題になる。子ども本人は現地の学校でやっていたことを帰国後も実践するが，これが日本の教師や子どもたちには奇異に映る。日本人の顔をしているのに日本語ができない，クラスのなかでの行動が自由奔放である，活発に発言したり行動したりする，それなのに授業内容はよく理解しない，とネガティブに評価されることが多かった。

当初の「帰国子女教育」の実践では，学校および教師側は，この子どもたちを少しでもはやく「日本人らしい日本人にしてあげよう」と努めたのである。そこでは，あらたに経験する異文化接触のなかで，帰国した子どもも受け入れた教師もともに大変な葛藤を経験した。双方ともに相手の言い分を理解することができなかったのである。これらの帰国児童・生徒たちの受け入れ経験こそ，教育の国際化への第一歩である。

(4)　受け入れ体制
　実際に帰国してきた児童・生徒が日本で行き場を失ったり，編入学しても不適応を起こしたり，受け入れた学校で教師が困惑したりする状況が少なくなかった。当初は，日本語力に問題があると，たとえ義務教育段階であっても，これらの子どもの編入学を断るケースもあった。本人はある程度日本語力も日本語による学力もあると思っていてもうまくいかず，結局公立学校から私立学校に転校したり，最後には日本国内のインターナショナルスクールに転校して，いわゆる日本の教育制度からはずれざるをえなかったりするというケースもあとをたたなかった。そのような状況に対応して，次第に帰国児童・生徒の受け入れ体制が整えられた。

　最初の試みとして，国立大学付属学校に「帰国子女教育学級」を設置し，また別の付属学校では一般学級に「混合受け入れ」した。ここでさまざまな実践的研究が重ねられた。さらにそれを補うために，1967年より公立・私立学校に「帰国子女教育研究協力校」を指定した。1983年からは，帰国児童・生徒が多い地域での受け入れ体制を充実するために「帰国子女教育受け入れ推進地域」の指定も行うようになってきた。

　義務教育段階については，以上のように対応策がとられたが，高校・大学については文部科学省による積極的な働きかけが遅れた。海外に滞在する家族も，当初は高校入試をめざして子どもを先に帰国させることが多かった。しかし，次第に高校側でも，帰国生徒の特別枠による入試や，年度途中での転入学

も考慮するようになっている。1997年には，高校でも帰国生徒の受け入れを促進するように文部科学省から都道府県の教育委員会に対して要請が行われている。

　大学については，それぞれ自発的に帰国生徒の受け入れを行ってきた。一部は1970年代からはじめているが，大多数は1980年代に門戸を開いた。専攻領域によっては選択肢が限られるが，海外で高校まで卒業してその後日本の大学に入学する道はかなり広くなっている。

　このように，一般的な日本人児童・生徒だけを対象にして学校運営をしてきた教育関係者に対して，日本語が不自由で，異文化を身につけた子どもが提起した問題は大きかった。これをきっかけとして義務教育段階に限らず高校・大学も新たな「国際化の波」への対応を迫られるようになった。

　国，都道府県，市区町村，それぞれのレベルで対応するための制度をつくり，子どもたちが日本語を学ぶための教材や教授法を開発し，教師たちも研修を受け，実践研究をした。日本の教育が少しずつ変わりはじめた。従来よりも一歩進んで，海外で子どもが身につけてきたことを前向きにとらえ，その能力や特性を保持したり伸ばしたりしてやろう，さらにそれを一般の日本人の児童・生徒にも反映させてお互いに豊かになろう，と考える新しい展開に到達するには時間がかかった。それでも，この段階ではまだ「帰国子女教育」の枠内のできごとであった。しかし，一度わずかに開けられた扉は，まわりから様々な状況をつきつけられることにより，さらにおそらく予期しなかった「教育の国際化」に向けてつぎの扉を開けていくことになる。

3　中国帰国者の子ども——歴史の産物

　「中国残留孤児」という言葉は最近ではあまりメディアをにぎわすこともなくなった。そもそも第二次世界大戦後，中国大陸に残された日本人のうち，当時13歳以下だった人々をさし，それ以上だった女性を中国残留婦人とよんだ。

戦後長い間，日中間には正式な国交がなかったため放置されたが，1972年の国交回復後はじめて正式にこれらの人々が肉親を捜し，日本に帰国するという活動が始まったのである。

このようにして永住帰国した中国残留婦人・残留孤児とその同伴家族が「中国帰国者」とよばれており，そのなかには本人のほかに配偶者，2世，3世がふくまれ，帰国後に呼び寄せた家族も同様に扱われる。したがって，このグループの年代分布は広く，上は50歳代あるいはそれ以上，下は義務教育年齢の子どもまでいた。

かれらの多くは，戦後30年以上にわたって中国大陸において中国人と同様に生きていた。日本に「帰国」するにあたっては，言語も文化も社会制度もすべて未知のものであった。その上，残留孤児本人にとっては帰国であっても，そのほかの家族にとっては未知の国への旅立ちであったというのが正しい。

かれらが困難を克服して日本社会に適応することを助けるための制度も徐々に整った。学齢期に当たる子どもたちは，4カ月間の研修を受け，やがて一般の公立学校に転入していった。これが，日本の公立学校が直面したもう一つの国際化の波であった。文部科学省（文部省）の基本調査によれば，各年度に帰国した孤児およびその家族のうち小・中・高校生数は1987年に517人（小学生221人，中学生257人，高校生39人）であったが近年は減少してきたものの1997年は393人（小学生166人，中学生169人，高校58人）であり，その大半が公立学校にいるということになる。

子どもの場合，来日したときの年齢によって，日本語学習に必要な年月が異なる。これら中国帰国者の子どもたちを受け入れた学校はかなり混乱した。帰国児童・生徒と異なり，中国帰国者の場合は，親も子どももほとんど日本語・日本文化を理解しない。学校および教師たちは，「外国語としての日本語教育」に正面から取り組むことを余儀なくされたが，あらゆることが手探り状態であった。

文部省は1976年から中国等帰国孤児子女教育研究協力校を指定し，かれら

に必要な指導と研究を進めた。従来，教材は教師たちの手作りがほとんどであったが，1992年より子ども用の日本語指導教材や教師用指導書が作成された。1999年になってやっと，子どもたちと保護者の相談に乗る教育相談員の派遣を始めたのである。

戦後60年以上を経て中国残留婦人・残留孤児が高齢化するに伴い，今後新たに肉親を見つけて日本人であることを証明し帰国する人々も，次第に減少することが予測できる。その意味では，中国帰国者の子どもたちは，日本がたどった歴史の産物である。また，それと同時に日本の教育に対して，「日本語・日本文化を理解しない子どもたち」をどう指導したらよいか，というあらたな問題をつきつけることにもなったのである。

4 外国人労働者の子ども──とくに日系人

(1) 概況

今日，地球規模で経済活動が行われ，それに伴う人口移動が起こっている。日本から海外に多くの人々が駐在員として家族を伴って出かけていき，やがて帰国してきたときにいわゆる帰国児童・生徒の教育問題が起こった。それとは逆に，日本の経済活動を下支えする労働力の供給という意味で，外国人労働者が日本に多数入ってきて，あらたな局面があらわれたのである。バブル経済のピークには，アジア，中東，中南米はじめさまざまな地域の人々であふれた。当時は大都市圏や工場の集中した地域では外国人が珍しくなかったが，実際には単身者の出稼ぎが主流であり，家族を伴うことはむしろまれであった。1990年代半ば以降，経済停滞が続くにもかかわらず，外国人労働者数は増加傾向が続いている。

(2) 外国人労働者

大別して「定住型外国人労働者」と「出稼ぎ型外国人労働者」に分けられる。

65万人あまりいる定住型にあてはまるのは主に在日韓国・朝鮮人，中国人の人たちであり，働くことに関する規定は日本人に準じている。いっぽう，2000年の時点で，いわゆる出稼ぎ型外国人労働者は71万人に達した。そのなかでも，いわゆる日系人労働者は1990年から2000年の10年間に3倍以上に達し，そのうち80％以上がブラジル国籍である（1990年には7万1803人であったが，2000年には23万3187人となる）[4]。その背景には1989年の入国管理法改正がある。すなわち，3世までの日系人とその配偶者は日本国内で行う活動に制約がなく，いわゆる単純労働のための来日も可能になったのである。

日系人の労働者が増えた社会的背景としては，日本国内の人手不足とともに，送り出し国の経済事情がある。送り出し国では一般的にインフレ率が高く，経済状態・雇用状況は悪化する一方で，日本との所得格差が大きかった。次第に2世，3世が単身で来日し，やがて家族を呼び寄せたりあるいは日本で結婚したりすることで出稼ぎが長期化し，日本に定住する傾向が強くなった。

(3) 外国人児童・生徒

親に伴われて，あるいはあとから呼び寄せられて来日したブラジル国籍の子どもたちの数は急激に増加した。1992年には1万2326人であった0歳から14歳のブラジル国籍の子どもが，2000年には3万8583人になり，およそ3倍である[5]。かれらの大半が日本の公立学校にはいってくるのである。ここに，新たに押し寄せる国際化の波が確認できるのであり，今日，日本の学校関係者が取り組んでいる状況にある。

文部科学省も日本の学校に就学する子ども，とりわけ中南米からくる日系人労働者に同伴する家族が急増していることに注目し，1991年より「日本語指導が必要な外国人児童生徒の受け入れ状況等に関する調査」を開始した。最近の調査[6]によれば，2010年9月1日現在で，全公立学校の2割弱にあたる6423校に在籍する日本語指導を必要とする外国人児童生徒数は2万8511人（小学生1万8365人，中学生8012人，高校生1980人，特別支援学校生132人，中等教

4 外国人労働者の子ども―とくに日系人

育学校生22人)であり,そのうち82.2%は現に日本語指導を受けている。その数は近年増加傾向にあったが,日本の景気後退により2010年度は若干減少した。

同調査によれば,この子どもたちの母語による分布は図7-3のとおりである。ポルトガル語が33.2%,中国語が21.6%,フィリピノ語が15.3%,スペイン語が12.4%となり,この4言語で全体の8割以上をしめている。中国語を母語とする子どもたちは,前節で取り上げた中国帰国者の子どもをふくむと考えられる。ポルトガル語の子どもたちはブラジル国籍であり,スペイン語を母語とする子どもたちはブラジル以外の中南米出身の日系人労働者の子どもであろう。近年フィリピノ語も統計上顕著になってきて,2006年度以降,「その他」の項目から分離して表示されるようになった。

地域としては,大都市圏および日系人労働者を必要とする企業が集中する地域,つまり東京,神奈川,静岡,愛知,大阪がとくに多く,このような集住地域では行政としてこれらの子どもたちの教育についての関心も高い。しかし,

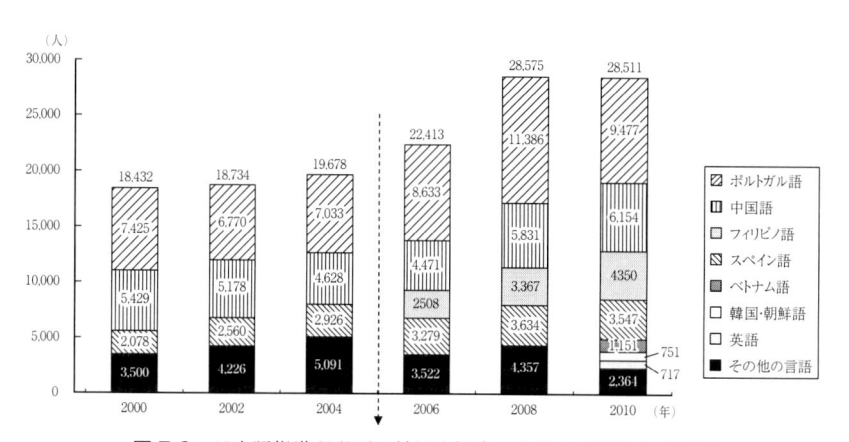

図 7-3 日本語指導が必要な外国人児童・生徒の母語別在籍状況

注:表示する言語については,当初のポルトガル語・中国語・スペイン語に,2006年度調査分よりフィリピノ語を加え,2010年度調査分よりさらに韓国・朝鮮語,ベトナム語,英語を加えて表してある。

出典:文部科学省「日本語指導が必要な外国人児童生徒の受入状況等に関する調査(平成22年度)」

市町村別にみてみると，地域に5人未満しかこのような子どもがいないところが半数をしめている。また，在籍人数別学校数でみると，「5人未満」の学校が全体の8割弱をしめている。このことからも，話題になりやすい集住地域で学校や教師が直面する問題とはべつに，受け入れ経験の少ない地域や学校が直面する問題についても配慮する必要がある。

(4) 日系人労働者と子どもたちの特徴

　日系人労働者は，ほとんどの場合，出稼ぎといえる。稼いだお金から本国の家族に送金し，残りはできるだけ貯蓄したいと考える。そのなかで子どもの教育費を抑えたいと考えるのは自然なことであり，そのためにも大半が日本の公立学校を選択する。

　この場合，当然のことながら子どもたちにとって日本語による授業内容の理解は困難なことである。親がすでに2世，3世であるため，家庭での生活言語も，親が受けてきた教育言語も日本語ではない。したがって子どもたちにとっては，遠い祖先が日本の出身者であるということをのぞけば，日本に関する知識も少なく，まして日本語力はほとんどない。来日した時の年齢にもよるが，学校での学習内容が十分に理解できるようになるには長い時間がかかり，日本語の特別な指導を必要としている。さらに，受け入れる学校も教師もそれだけの準備を求められるのである。

　日系人労働者のなかには，いずれ本国に帰国する予定のため，本国の教育を継続させることが子どものためになると考える親もいる。その場合には本国に子どもをおいてくることもあれば，2009年2月現在日本全国に86校ある[7]といわれているブラジル人学校を選択することもある。ブラジル人学校のうち49校は本国ブラジルから正規の学校として認定を受けているが，その規模はまちまちであり，昨今の日本の景気後退を反映して在校生数は激減している[8]。この学校で最も問題になるのは高い授業料であろう。

(5) 受け入れ体制

　外国人の子どもの場合は，日本の法律に基づく就学義務はないが，かれらが入学を希望してきた場合は，授業料や教科書代を徴収しないこともふくめて，日本人と同様に公立学校に受け入れることになっている。しかし，あくまでも本人または親が「希望すれば」という消極的な体制であり，子どもが地域に住んでいるのに通学してこない，通学していたのに途中から休むようになった，ほかの地域に転居した，などの場合に追跡して通学を促したり，転居先の学校に引き継ぎをしたりするような積極的対応は一般的にしていない。

　地域によっては，転入手続きにくる外国人家族に対して，学齢期の子どもがいれば，地域の学校への入学を支援しているところもあるが，本人たちが正式に手続きをしないままに転居してくる場合は，この機会も失う。さまざまな理由により，学齢期にもかかわらず就学の機会を失う子どもたちが「不就学児童・生徒」として新たな問題となるが，これについては後述する。

　このように日本語能力が不十分で，なおかつ日本の生活習慣にも不慣れな子どもが編入学してくると，その子どもだけではなく家族にも学習面・生活面での支援が必要になってくる。子どもたちのためには，特別な日本語指導や生活指導を行い，場合によっては特別にそのための教員をおいている。また，子どもだけでなく保護者の相談にのるための教育相談員が派遣されるという制度も発足しているが，まだまだ不十分だという声が多く聞かれる。

　また，受け入れる学校や教師，地域に対して，外国人子女教育推進地域を指定したり，研究協力校を指定したりして実践研究を積み重ねている。さらに，外国語としての日本語教育の研修会や担当教員の専門的研修会を開催したり，実際に日本語指導に使用できる教材を開発したりという支援は行われている。しかし，外国人労働者の集住地域をはずれると，なかなか支援の手は届かず，むしろ地域のボランティアに頼ることが多いようだ。

(6) 不就学の問題

　前述のように、保護者の不安定な雇用環境のために転居をくりかえし、地域の実施する編入学援助を受けないままに通学しなくなったり、日本語教育が十分に受けられないために学習意欲を失ったり、さまざまな理由で学齢期であるにもかかわらず不就学になってしまう外国人児童・生徒があとをたたない。

　文部科学省の委嘱により南米出身の日系人等いわゆる「ニューカマー」が集住する自治体を中心に、外国人の子どもの不就学実態調査が 2009 年—2010 年に実施された[9]。調査対象となったのは 29 市に居住し、外国人登録されている義務教育年齢の子どもであり、保護者が外国人登録をしないままに転居している場合ははいらない。

　調査によれば、対象地域で公立学校にも外国人学校にも在籍しておらず、なお地域に住んでいることが確認できた子どもが 84 人にのぼる。不就学の期間は 6 か月未満が最も多く、およそ 49.3％となっている。その理由は「学校へ行くためのお金がない」(33.0％)についで、「日本語がわからない」(16.0％)、「すぐ母国に帰るから」(10.4％)となっている。いずれも子どもたち自身の問題というよりも保護者や地域、学校の都合にふりまわされているといえる。かれらは学校に行かずに「家で特になにもしていない」(60.9％)か「自分で勉強している」(12.6％)といい、「仕事やアルバイトをしている」というのは 3.4％である。現在の希望としては「日本の公立学校等へ行きたい」(47.2％)が最も多く、次いで「母国へ帰りたい」(19.4％)、「日本の外国人学校等へ行きたい」(16.7％)となっている。日本をはじめ多くの国連加盟国が批准している「子どもの権利条約」でも、すべての子どもは教育を受ける権利を保障されるべきであると定めており(第 28 条)、その精神からも放置できる問題ではない。

5　外国人学校・国際学校の意味するもの

　日本に居住しながら、日本の学校に通学できない、あるいはしたくない人々

の選択肢として外国人学校・国際学校がある。外国人学校と国際学校の区別はあいまいである。おおまかに分ければ，本国と同様の教育を海外に住む子どもに提供しようとして設立されたものが外国人学校とよばれ，前述のブラジル人学校はここにはいる。いっぽう特定の国のカリキュラムに偏らない教育を提供して多国籍の子どもを受け入れようとして設立されたものが国際学校とよばれる。しかし，それぞれの学校の歴史的社会的背景によっては，そこが明確に区別できない場合がある。一定の国名を名乗ってはいても，事実上児童・生徒の国籍が40以上にのぼるという例をみても，外国人学校と国際学校との境界線があいまいであることがわかる。

　日本の外国人学校については1897（明治30）年に華僑によって横浜に作られた大同学校（現在の横浜中華学院）に，国際学校については1872（明治5）年にキリスト教の修道会によって横浜につくられたサン・モール・インターナショナル・スクールにまでさかのぼることができる。これらの学校は，日本在住の外国籍の子どもたちが主たる児童・生徒であるが，実際には授業料が高く，しかも所在地が偏っているなどの理由で子どもを通学させたい保護者の中に断念するものもある。

　また，日本人の帰国児童・生徒のなかに，海外での滞在が長期間にわたるために，日本の学校になじめない，あるいはもっと積極的に海外で獲得した外国語力を保持するために，これらの学校を選択する例も少なくない。学校によっては，日本人が増えすぎないように上限を設けているところもある。そのせいもあって，評判のよい国際学校には，常に長い待機者リストがあるという。

　しかし学校とはいうけれども，いくつかの例外をのぞいて，これらの外国人学校および国際学校はいわゆる1条校（学校教育法第1条にさだめられた正規の学校）ではなく，各種学校の扱いをうける。それによる不利益はさまざまであるが，とくにここで学ぶ日本人の子どもたちにとっては，日本の高校や大学に進学するときにここで取得した修了資格が認められないなどの不都合がある。近年かなりの改善は進められているが，こうした教育の状態は国際化の視点か

らも再考を求められている。

注
1) 外務省「管内在留邦人子女教育調査」。
2) 文部科学省「学校基本調査」。
3) 補習授業校186校（2006年）のうち，日本から教師が派遣されるのは42校で，のこりの144校については，教師が巡回する。（文部科学省ホームページ）
4) 法務省入国管理局『在留外国人統計』1993-2001年版。
5) 同上。
6) 文部科学省「日本語指導が必要な外国人児童生徒の受入れ状況等に関する調査（平成22年度）の結果について」。
7) 文部科学省「ブラジル人学校等の実態調査研究結果について」2009年。
8) 2008年度には6,373人であった生徒数が2009年度には3,881人となり，約40％減少している。通学をやめた生徒のうち約40％は「本国に帰国」し，約35％は「自宅・不就学等」，約10％が「公立学校へ編入学」とつづく。
9) 文部科学省「外国人の子どもの就学状況等に関する調査の結果について」2010年。

参考文献
・小林哲也『海外子女教育　帰国子女教育』有斐閣，1981年。
・佐藤郡衛編著『転換期にたつ帰国子女教育』多賀出版，1995年。
・清水宏吉『ニューカマーと教育』明石書店，2001年。
・福田誠治，末藤美津子編『世界の外国人学校』東信堂，2005年。

第8章
これからの学習支援──学びの喜び

　21世紀に入った。世界中の人たちと語り合いながら地球環境を守り，生きとし生ける者の幸せを約束できるようみんなで努力したいものである。

　最終章では，これまで7つの角度から提出された論理をふまえつつ，諸々の教育問題を総合的にとらえることにした。学校化社会が進展するなかで，人間形成に必要な内容，生涯学習社会における教育のあり方などについて考察する。

　未来を拓くためには，過去の風景を描きつつ，その良さを学び，現実を見据えながら新しい光を求めたい。教育の道に勤しむ者の目標は理論と実践の調和であろう。教育界に立つ者は，次代への大きな使命感をもたねばならない。

1　教育をとりまく世界

(1)　学校化社会の進展

　およそ百年前，20世紀の幕開きに，"The Century of the Child 1900" を世に出したエレン・ケイは「未来の学校」を次のように描いている[1]。

　　そこは，自然の世界，人間の世界，芸術の世界，そして，それに応じての自由な科目選択，言語，活動が用意されている。広大な庭園に囲まれ，草花が溢れ，美的感情を培う。たくさんの種類の手工作業，園芸，遊戯などを通して身体的機敏さを培う。自由な遊戯やダンスのための集会所があって，大

広間が幾つか用意され種々な科目に対して豊富な教材を備えている。あらゆる個人に適応できるのが学校であるから，そこには通信簿がなく，賞与がなく，試験がない。教師は，生徒に生徒自身の観察を行わせ，決断をさせ，書籍や辞書や地図から自身の勉学の補助を発見させる。その前進の困難を踏み越えるために，生徒自身に闘わせ洞察力を増進させる。生徒は研究を自分自身でやり，作業に関し，表現について，正確かつ完全な方法を発見するように試みる。

エレン・ケイは1849年生まれであるから当時満50歳，スウェーデンの美しい自然環境と教養豊かな両親に育てられ，若い頃から，子どものための，本当の人間的発達と教育は何かを探求していた。彼女は，当時の子どもや学校への対処と方法，教育内容をきびしく判断したうえで，上記のような学校の理想像を打ち立てたわけである。ちなみに，1870年，21歳の時に書いた日記も取り上げてみよう。そこには，7つの視点から見つめた子ども像が示されていた。

① 子どもを決して物をねだらせたり，わめいて，求めさせたりしてはいけない。
② 義務を果たさせるために，報酬や贈物や口添えを提供してはならない。
③ 子どもを決して欺いたり怖がらせてはならない。
④ 子どもを決して殴ってはならない。
⑤ 自分のことは自分で始末させよ。
⑥ 命令はごく少なく，だが服従は無条件で，脅しは少なく，だが完全実行させる。
⑦ 教育の手段としての打ったり蹴ったりは根絶すべきで，これは動物的な下等な根性を強めることになる。

後年，ケイは新ルソー主義者だと評価されているが，「子どもには子ども自

体の世界がある」とする児童中心主義のルソーを崇拝しながらも，最近の研究[2]によれば，ケイはルソーに対して「女性を無視した男性本位の教育観の持主だ」と批判したらしい。「子どもは愛情に満ちた結婚から生まれ，幸せになる権利を生まれながらに持っている」という確信は，ケイ自身の家庭的体験をもとに出てきたといわれる。ルソーの『エミール』が世に出て百数十年後に生まれたケイであるから，時代の推移とともに，より現代から未来へ向かって，教育の理想が高まってきたのであろう。

　20世紀に入り，子どもというものを重要な軸とした人間観・社会観が普及してきた。デューイに代表される世界新教育運動の成果も加味された。教育学の分野では，今や，子どもの人格を認め，その権利を保障するという認識は「主流の地位を占め，もはや異論のないところとなりつつある。……子どもは，理念としてはいわば正当性を確保した[3]」という。

　しかるに，なぜ，今，子どもが各地でいじめを受け，虐待され，権利を剝奪されるのであろうか。全世界的に，このような深刻な問題が発生する原因はどこにあるのだろうか。

　本来，子どもは身体的・精神的に社会の庇護を必要とする若い年代である。乳幼児にはじまり，広く青少年と呼ばれる世代を守り導くのは大人である。大人は子どものために自問自答し，理解のない大人に対して闘わなければ解決できそうにない諸問題をかかえている。

　子どもを「庇護を要する年代」だと提示するならば，学校を核とする教育機関の存在は首肯されよう。しかし，理想の学校はいかなる姿で私たちの前に現れるのだろうか。エレン・ケイの「未来の学校」はこれまで実現したことがあるのだろうか。その歴史的検証は他日に委ねるとして，本章では，学校という人類の遺産をどのように評価し，次代に継続させるか，そんな命題に取り組んでみたい。

学校化社会，それは20世紀の文化状況を把握するためのキーワードである。わが国における近代的学校の成立過程を素描してみよう[4]。1872（明治5）年は「学制」公布という画期的な出来事が成立した年，その序文には「ムラに不学の戸なく，イエに不学の人なからしめん」という目標のもと，国民皆学主義が主唱された。それまでの藩校が中等教育機関の，寺子屋や郷学が初等教育機関の母体となるケースが多かったが，士農工商の身分を廃し，人口約600人の「ムラ」単位に全国で約5万の小学校を設置する遠大な計画であった。

いっぽう，高等教育機関は，幕府の遺産を受継ぎながら洋学を中心に再編成されていく。欧米からの御雇教師に学ばせながら，欧米へ留学生も派遣する。明治中期には小学校への就学率を90％の大台に乗せ，近代的学校が続々登場する。その進展ぶりにアジア各地から協賛の声が寄せられた。中国人留学生を受け入れる制度等もやがて樹立された。明治維新の国家づくりを教育の力に委ねようとする動きが強くなる。教育勅語が果たした役割も注目されよう。

(2) 教育から人間形成へ

20世紀は「児童の世紀」という旗を高揚しつつ新しい教育の営みが開始された。だが，「学校」の意味を正しく理解しないまま，公教育制度の急速な発達のゆえに，理想と現実とのギャップが教育界を歪めてしまう。

わが国も例外ではなかった。西南之役と称する内戦を経て，日清・日露の両戦を有利に終わらせた日本が，次に巻き込まれたのは世界大戦であった。第一次世界大戦で領土をさらに拡大し，大東亜共栄圏の盟主と豪語する。聖戦の名のもと第二次世界大戦に突入，中国やアメリカはもとより世界の国々を相手に戦う羽目になった。大正デモクラシーで芽を出していた自由教育思想は政治的弾圧を受けることになり，学校現場も混迷してゆく。

大局的に見れば，明治維新以降，日本は世界中から注目される経済大国を築いてきた。第二次世界大戦後の復興ぶりもめざましいものがある。この点は20世紀の前半と後半を分けて論じてみた方がより正確だろう。教育の次元で

みると，前半を律したのが教育勅語である。万世一系(ばんせいっけい)の日本の国体(こくたい)そのものが教育の根源であるとされ，臣民の守るべき徳目が「忠孝」を中心に並べられている 5)。兄弟・夫婦・朋友の善き関係，公益，世務・国憲・国法に従うことを説いている。儒教的道徳と普遍的道徳を縦横に軍国主義と結合させたもので，開国以来の国粋主義と欧化主義を妥協させた感じもするが，学校教育や社会教育が国家主義のなかで営まれたことに注目したい。

敗戦を機に，平和と民主主義を求める新たな人間像が描かれてきた。思想的には欧米の個人主義・自由主義を取り入れ，特にアメリカ占領下，彼地の教育制度や内容・方法を模倣したかたちで6・3制が実施されるわけだが，主権在民の新教育法制を確立し，国民は「その能力に応じて，ひとしく教育を受ける権利を有する」という教育権を規定したことの意義は大きい。

一方，近代学校は「子どもは学校で学ばねばならない」という図式を構築したものの，公教育の開始から百数十年を経た現在，学校教育の弊害に目が向けられるようになる。M. フーコーは「学校商品化」論を展開した。「学校は資格付与と成績による類別と処罰とを可能にする監視機構である」6)という。

「学校化」の現象をイリッチは次のように問いかける。「学校で教えられることに価値があり，学校外で学んだことに価値はないのか」「本来の教育が学校化されているだけでなく，社会自体が学校化されていく」と指摘しながら「脱学校論」を展開している 7)。

元来，教育制度の根底には人間形成観がある。われわれ人類は，主体性や自我の構築をめざした。いっぽう，近代の世界は公教育の名において自らのアイデンティティ形成を目標としたため，同時に偏見や差別，憎悪や敵対の意識も産むことになる。未成人の側からいえば，人類文化の型，共同体に入らなくては生きてゆけないわけだが，ややもすれば独善性・排他性の意識も育ってしまう。そこでエリクソンはそれを克服するための提案を示した 8)。すなわち，差異の感覚を差別につながらせない工夫が必要なこと，相対的かつ社会的な立場で理解し，みんなが全人類を包括する究極の共同体に組み込まれるという

自覚が大切なことだという。「みんなちがって，みんないい」のだ。

　学校を単に教育の場と限定するのではなく広く「人間形成」の足場だと理解するとき，本来の「学び」のあり方が明確になるのだと思われる。今や，世をあげて「生涯学習」の時代だという。その内実については次節において考察するが，学校教育の行き詰まりがこの現象を産み出したのだと考える。学びの喜びを「いつでも，どこでも，だれでも」共有できる社会の構築が世紀を越えて，今，問われている。

2　生涯学習社会における教育

(1)　社会教育から生涯教育へ

　教育という営みを家庭・学校・社会と分け，それぞれの役割分担を明確にしてゆくことが求められている昨今だが，前節の「学校化社会」に表現されるごとく，現在の学校教育は本来の家庭教育や社会教育を背負いこみ，肥大化しているといっても過言ではない。その割りには外遊びや生活体験が著しく不足している。想像力やひらめきを伴わない知識だけでは本当の学力を身につけたといえるだろうか。

　学校週5日制[9)]の実施は，このような教育環境を修正するための工夫であろう。家庭の教育力を回復し，社会教育の充実を図りながら学校教育の質を高めることがめざされたといってよい。

　「よく学び，よく遊べ」[10)]とは昔からいわれていた教えである。子ども時代は遊びのなかに学びの喜びを見出し，天性の能力を発見できるような教育環境が与えられねばならない。戦後，制定された「児童憲章」をみてみよう[11)]。

　　　・児童は，人として尊ばれる。
　　　・児童は，社会の一員として重んぜられる。
　　　・児童は，よい環境のなかで育てられる。

　この3項目は，新日本の教育目標であり，憲法第9条と同じように，世界平

和の観点からも永遠に遵守すべき国是であるといってもよい。

戦前の子ども観は，子どもを親の私有物とみなし，また，国家のために滅私奉公させることを是としていた。

これに対し，児童憲章は，すべての子どもには「心身ともに健やかにうまれ，育てられ，その生活を保障される」権利がある，と明記している。養育・社会保障・教育・職業指導等を受ける権利，遊び場や文化財等の環境を与えられるとともに，虐待・酷使・放任等から守られる。特別支援の子どもの場合はなおさらである。「すべての児童は，愛とまことによって結ばれ，よい国民として人類の平和と文化に貢献するように，みちびかれる」としている。

1951（昭和26）年5月5日制定の頃の日本は，生活のために少年労働者が街頭にあふれていた。人身売買もあり，結核・寄生虫，さては栄養失調等々の悪条件が充満していた頃である。そんななかでアメリカ占領下の日本が，民主化を復興の指針とすべく，世界に先がけて児童の権利を宣言したことは，今日世界的にも高く評価されてよい。

ちなみに，国際連盟で採択された「ジュネーブ児童権利宣言」は1924（大正13）年だが，「国際児童権利宣言」は1959（昭和34）年であり，やがて1989（平成元）年の「子どもの権利条約」採択につながってゆく。

戦後60余年，日本の現代社会は，大局的に眺めれば，平和で，安全で，豊かになり，社会的文化的に均衡と調和のとれた状況にある。しかし，少子化・高齢化・過疎化等が進行し，大人も子どもも，おかれた社会的条件は必ずしも良好とはいえない。

戦後急速に進展したのは社会教育である。教育の場面は家庭・学校・社会に大別されるが，学校教育大衆化という波のなかで，社会一般の諸領域を対象に成人教育分野が開拓された。青年団や婦人会，高齢者向けの学習機会が設けられる。もちろん，成人を対象とした教育は戦前から実施されてはいたが，多くの場合官主導であり，戦時下の愛国婦人会などにその実態をみることができる。戦後の成人教育には民間で発達したものが増え，民主主義を実践すべく，

さまざまな工夫がなされた。文化芸術の面でも著しい変化がみられる。視聴覚教育面の技術革新もめざましいものがあった。東京オリンピックや大阪万国博覧会の開催，新幹線の建設，テレビの普及等々，社会全体に経済復興の嵐が巻き起こる。

そうしたなかで，生涯教育がさけばれる。「いつでも，どこでも，だれでも」をキャッチフレーズに，「ゆりかごから墓場まで」老若男女，みんなが教育への関心をもちはじめた。

一例として，椋鳩十氏提唱の「親子20分間読書運動」がある[12]。鹿児島の農漁村を中心に発生し，全国に普及した民間活動である。農村の母親たちの意識改革により「学び」の喜びを体得した家庭が増えたことは，学校教育の内容面にも影響を与える。この動きは，今も各地で受け継がれている。

社会教育施設の三本柱は，公民館・図書館・博物館だといわれる。法体系のなかに位置づけられたこれらの施設を「地域の学習の拠点」[13]として，住民の主体的な学習活動を援助するための事業が企画されるようになった。そのほか，「少年自然の家」「青年の家」「働く婦人の家」等々も各地に設けられ，野球場や体育館，視聴覚センター・ライブラリー等も社会教育活動の拠点として利用度の高い施設になってきた。社会の変化やそれに伴う人々の学習ニーズの多様化にどう対応するかが，今，問われてくる。

(2) 生涯教育から生涯学習へ

社会教育や家庭教育の役割であるべき部分を学校教育が背負い込み，肥大化してきたのが日本の近代といえよう。近代は公教育発達の時代であり，学校に多大の期待をかけてきたことは世界共通の現象なのかもしれない。しかし，その度合いは国によって異なるのではないだろうか。比較教育研究[14]が果たす役割を考えてみることも忘れてはなるまい。

国際的な学力テストの結果から判断すれば，日本は義務教育段階ではトップクラスだが，高校段階では伸び悩みの傾向にあるという。その原因は小さい時

の詰め込みが影響しているのではという指摘もある。創造力，ひらめき等を含め，「生きる力」[15]をつけるための本当の学力はなんであるか，今こそ，さまざまな角度から検討する必要があろう。学校教育の質を高め，家庭の教育力を取り戻し，社会教育を充実させることが望ましいという結論になる。

　ここでPTAの位置づけに言及してみたい。「父母と教師の会」であるPTAは戦後教育のあり方を示すシンボルであった。昭和20年代初期の資料をひもとけば，PTAは「家庭と学校と社会と世界をつなぐ[16]」架け橋という期待がこめられていた。戦前の学校教育における保護者たちには「後援会」的役割が課せられていたが，PTAには学校と家庭が同じテーブルに着いて，より良い社会や世界に向けた話し合いが基本に据えられたのである。

　このような発想は民間から起こってきたのではなく，当初は文部省主導のもと社会教育審議会等によって吟味され推進されていた。PTA活動の内容は次のように規定されている[17]。① 学校および家庭における教育の理解とその振興，② 児童・生徒の校外における生活の指導，③ 教育環境の改善，である。

　PTAが行った校外における活動の一例に「愛のひと声運動」がある。1975(昭和50)年頃，東京都葛飾区で取り組んだこの実践は，父母たちが地域を巡回して直接子どもたちと接するなかで，非行を防ごうとする試みである。やがて，父母の連帯感は地域の住民の間にも広まり，より良い教育環境づくりに発展してゆく。また，バイクによる交通事故を防ごうと「乗らない，買わない，免許を取らない」の「高校生のバイク3ない運動」を展開した全国高校PTA連合会の動きも注目される。学校における安全指導強化対策のきっかけをつくったからである。通学範囲の広域化や山間僻地での対応もあるので一律にはゆかないが，交通ルールを守る習慣は若いうちからちゃんと身につけるべきだろう。今，全国PTA問題研究会では，親と教師の教育権を主張する立場に立って，学校教育運営論の一環としてのPTA活動を主張している。

　続いて，リカレント教育[18]に言及しよう。これは，ユネスコによって提唱された生涯教育をOECD（経済協力開発機構）によって具体化したものである。

第8章　これからの学習支援

　従来の教育制度では，フルタイムの教育は学校教育に限定され，就職（労働）→引退（余暇）と動く道筋が「人生設計」とされていた。ところが，生涯教育の理念に照合すれば，教育→労働→教育→労働→余暇→……という具合に，仕事のなかで学んだ問題を解決するため能力や資格を向上させて何回でも再就職を繰り返せるようなシステムが肯定される。これは，また，世代間の教育機会を平等にするというメリットをもたらした。生涯にわたって学習の機会を入手できる制度であり，学校教育と社会教育とが一体化・再編成されるという効果を出している。

　リカレント教育の背景をもう少し考察すると，若者にとっても保護的環境に長期間隔離されることは人格発達上望ましくないし，社会の側からみても，公的生活の場に若者がいないことは社会の創造的機能を維持するうえで不備になる。自分の潜在的能力に気づいたり，学習のための新しい動機が生じたりする時間・空間は「学校生活」に限定されないというわけである。

　「教育とは生涯を通して続くものである」というP.ラングランの提唱によって，世界中の教育活動が見直され，「抑圧からの人間解放」まで展開されるにいたった生涯教育，それは，学校・社会・職域といった各領域や，青少年・成人・高齢期といった各時期ごとに区分されていた発想を大幅に修正した。

　1988（昭和63）年に出された文部省の教育白書は，生涯教育から生涯学習へと飛躍させる政策転回の契機として注目される。すなわち，学習機会を整備・供給する側から規定された生涯教育概念に対して，学習者の自由な意志に基づき，学習者個々人に即応した方法で推進する「生涯学習社会」という設定が教育改革の目玉になったのである。

　文部省では，1988（昭和63）年7月に機構改革を行い，社会教育局を改組して生涯学習局を発足させた。県や市町村レベルでも，この動向をすばやくキャッチして体質改善を進めてきたところが多い。新世紀の到来を告げる教育界の新風だったといえよう。

3 学校文化の質的変化

(1) 教科外活動の意義

　学校・地域・親が連携し，教育上のサービスに関する供給者と消費者とが分離することなく，すべての人たちが文化の創造者として共生する社会，その内実が「生涯学習」であろうことは新世紀の教育目標として首肯されよう。

　こうした現象を一言で表現すれば「学校文化の質的変化」となる。今，学校ではどのような文化創造を志向しているのだろうか。

　私たちは，かつて「いのちを輝かす教育」を旗印に教育の未来を考察したことがある。1990年代後半，新世紀の到来を指呼の間に，学校文化の理想像を追求したかったのである。

　この世で一番大事なものは「いのち」である。沖縄では「命（ちむ）どぅ宝」といっていのちの大切さを語り継いでいる。教師はいのちを込めて教材と取り組み，そのなかから宝物を引き出してこなければならないわけだが，それは，肝心の教材や教育構造が宝の山として自ら光彩を放つものでなければできない仕事である。

　私たちが問題にしている「いのち」は，単に人間の生命だけではない。森羅万象あらゆるもののいのちである。従来，教育学では「子ども」を研究対象にしてきたが，子どもを中心に人間の生きる力を引き出すという使命に留まらず，力そのものを支える背景，広くは宇宙や自然，社会や環境全般に注目し，生かされているお互いのいのちを感じ合うところから教育の問題を考えたい，というわけである[19]。

　このような視点に立って現今の教育課程を検討していくと，教科以外の教育にも大切な宝が包蔵されていることに気づかされる。教科外の活動にはどのような内容がふくまれるのだろうか。義務教育段階で用意されている「道徳」と並んで「特別活動」が注目される。

念のため，その内容をふりかえると次のようになっていた[20]。A…学級活動・ホームルーム活動，B…児童会・生徒会，C…クラブ活動，D…学校行事——(1) 儀式的行事，(2) 学芸的行事，(3) 健康安全，体育的行事，(4) 旅行・集団宿泊的行事，(5) 勤労，生産，奉仕的行事。

さらに，学校という枠を越え，社会生活全体を視野に入れて考察してみると，ガイダンス（生徒指導）という目標が出てくる。文部科学省が示した「生徒指導の手引き（改訂版）」によれば，(1) 人間関係の改善，(2) 自己実現に関する問題解決指導，(3) 望ましい習慣形成，(4) 道徳教育の基盤，(5) 青少年の保護育成，がそれである。

教師は，生徒指導を充実強化するために，適切な教育内容を用意しなければならないわけだが，どんなに熱意をもって指導したとしても，「児童・生徒が自ら意欲的に課題に取り組み，直面する問題を自ら解決しようとしなければ，その成果が得られない」[21]であろう。

わが国には「表現の教育」が欠落しているといわれる。20世紀に追求された科学技術の発達は豊かさをもたらしたが，環境問題に象徴されるように，今や人類の生存自体が危機に直面している。21世紀に突入した今，私たちは人間の英知によって，新しい知の教育課程を組み立て直さねばならない。「いのちあるすべてのものと人間が共生する地球をつくる」[22]ために「生きる力」「生きぬく力」を学力として身につけた人間に育てなければならないのである。

「生きる力」とは自ら学び自ら考える力であり，主体性・自律性，思考力や判断力，そして表現力といったかたちで説明される。また，心の教育，感性の教育，身体的教育と不可分の関係にあるものとして「知の教育」が登場した。広くその成果を表現すれば「文化力」といえるのではないだろうか。

知識が生きる力になるためには，その基盤をなす内実・体験がなければ作用しない。知は実践実行されて初めてその人の生き方にかかわるのである。教科外活動がもたらすさまざまな成果が蓄積されて，人間性豊かな，知性あふれる社会が実現されるのであろう。

21世紀は「文化力」[23]を競い合う時代といわれる。どの国も，どんな地域にも，それぞれ個性ある文化が築かれてきた。交通や情報の発達により，人々は自己中心・自国中心の考え方に修正を加えつつ「地球市民」としての本来的感覚を身につけるようになった。教育界のモデル理論を例示することにしよう。

たとえば「面から球へ」(From the Faces to a Sphere)[24]である。多文化共生の理念を明確にするためには，異文化への限りない関心と理解を軸に，球の次元に立って「共存共栄」，それぞれが主体的に成長の機会を大切にしたいと主張する。私たちの意識のなかにある先進後進・中央地方・表面裏面・中心周辺といった序列感覚を極力抑えて「地球市民」にふさわしい平和で文化的な生き方を確立しなければならないというわけである。

(2) 学校臨床学の進展

学習支援の内実を社会病理学的立場から分析するならば「学校臨床学」の果たすべき役割についても吟味を加えたいところである。

人間が人間としてあるべき姿を追求する学問が教育学とすれば，心理学は人間が外的環境とのかかわりにおいて，どのような刺激を受けるのか実証的に追求する学問だといえるかもしれない。たとえば，医学や看護学を学ぶうえで必要不可欠な分野も教育学や心理学なのである。

昨今，全国各地の教育学関係の大学や学部で「学校臨床学」の講座や学部学科等が用意されるようになった。カウンセリングマインドの大切さも説かれている。生涯学習社会が進み，大人社会のあり方に変化がみられたというべきか。21世紀の新しい学問として，学校臨床学の登場は，生涯学習社会の知的要求でもあった。地域と大学の連携に直接寄与する諸活動が企画されている。こうした動きの背景にある事象について，私たちも関心をもたねばならない[25]。

従来，学校臨床といえば，臨床心理学の教育応用版とみなされがちであった。心理学の発達した技法をもってすれば，人間の心をあずかる学校の諸問題も解決できそうに思えていた向きがある。しかし，度重なる学校騒擾（そうじょう）を前に「教

育はこのままで良いのか」という根本問題につきあたった。学校にはまだ当事者自身の学ぼうとする雰囲気が残されているはずである。そこで，学びの姿勢を変えること，すなわち「意識改革」によって人々はもっと充実した生き方を見出せるのではないだろうか。サバイバルとしての教育学に世の注目が集まってきた。

学校臨床学はその意味で教育学の新局面といえる。その足場は理論と実践との結合にあり両者の調和が求められている。子どもたちの人権が侵害されている現状をかんがみるとき，彼らの生の声を大人は真剣に聴かねばならない。親や教師も新しい学習意欲をもって声を聞き合うことが大切である。

子どもたちが「自らの学び」を友だち・先生と共につくるという視点でカリキュラムを改善した「聴き合い活動」「ポートフォリオづくり」等の実践[26]にも注目したい。教科等と総合的な学習時間に関連をもたせながら全学をあげて取り組んでいる学校現場，そうした動向に類似した営みもまた，学校臨床学の進展に一定の示唆を与えてくれるにちがいない。

学校臨床学の成立を要請する背景，その構成に向けた動向等について，昨今，さまざまな角度から考察が続けられている。学校現場における諸問題の解決には，教育学・心理学・社会学・福祉学・看護学・医学等の諸学問領域を統合する学際的研究領域の開拓が期待されているのである。「人間関係学」という名称も早くから用いられてきた。

学校臨床学が対象とする問題領域は，① 個人の援助，② 組織の援助，③ システムの改善だといわれている[27]。子どもや教師を個別具体的にサポートしながら，学力向上への全学的試みや「地域社会と学校との新しい関係づくり」に努力しつつ，教師集団の協働体制や生徒集団の組織改善に寄与する学問として，「学校臨床学」に課せられた歴史的社会的な役割は大きい。

本来，学びの世界は楽しいものであり，子どもたちは生き生きとした存在なのだという前提で「学校づくり」「地域づくり」を推進しなければならない。全世代から多くの知恵を集めながら，この分野の開拓に努力したいものである。

概して，高度経済成長期以前には，子どもの「自己形成空間」が豊かに存在していたようだが，時代の推移とともに自然・労働・仲間づくりの能力が徐々に失われた。学校知と子どもたちの日常知との乖離状況が生まれてくると，子どもの学習離れ，学びからの逃走がはじまるのである。学習への主体的構えを強化するために今改善すべきことは山積している。

4　学びの喜びを伝える教育

(1)　「授業の窓」を教材に
　生涯学習社会における教育のあり方について，これまで多角的に考察してきたが，究極のねらいは，老若男女すべての人々が「学び」の喜びを味わえる世の中をつくるために，学校は何をすべきか，教師はいかにあるべきか，そして，親たちは地域を育て伝統を守るために子どもたちと共にどのような生き方をすべきか，等々を総合的に検討することにある。本節では，学びの喜びを伝えるための教育的実践の具体例を示すことにしたい。
　筆者は，大学で「教科外活動」の講義を担当した。教職科目の受講生はおよそ200名，はじめの頃は学生たちの心がなかなか捉まらず教えるのに苦労したが，授業のなかでソクラテスのいう「対話」の必要性を感じとった。そこで，「授業の窓」と称する受講生たちの感想文特集を配ることにした。出席票の裏面を利用して，講義内容への質問や感想等を集め，整理し，毎回20数名の生の声を並べたプリントを作成したのである。氏名は伏せたが，直筆の文字から受講生本人だけは教師と対話できた気分になるだろう。次の授業では，一人ひとりの見解に対し適宜コメントを加えた。
　「こんなすばらしい意見を書いた人がいます。先生も気づかない点でした。ありがとう。」
　「いい所を指摘してくれました。大事な視点だと私も思っています。この点を掘りさげてゆくと，新しい展望がひらけるかも知れませんね。」

「マスプロ授業なので，皆さん一人ひとりと語り合うわけにはなかなかゆきませんが，感想文を読み合うなかで，教師と学生，学生同士が対話をしているような気分になりますよね。これからも色々な意見を出し合って議論を深めてゆきましょう。」

ギリシャの3大教育家の一人，ソクラテスが試みた「対話法」はもっと厳しいやりとりのなかで「無知の知」を自覚させ，正反合の意見交換のなかから止揚し発展させる内容だが，いわゆるフィードバックの重要性を自覚しあう機会が，「授業の窓」を通して実現したのである。学生のなかには「先生の教育愛に感動しました」という感想を述べてくれた者もいる。故意ではなく，誠意を尽くして授業に臨む態度が肝要であることを自ら学んだ実践事例である[28]。

教科外活動論が教職課程のカリキュラムに正式に位置づけられたのは最近のことである。教科指導に役立つ教材研究の方法論には熱心だったが，学校生活全体のリズムをより高度に調和のとれた状態におくための努力が大切であると自覚された結果だと思われる。この科目の方法論はまだ模索中といえるかもしれない。

そもそも，今，学校は子どもの「居場所」たりうるのか。昨今の教育現場は荒れている。家庭や地域の教育力，広く社会の文化力が著しく減退している今日，教師に救いを求める親たちは多いだろう。本来，楽しかるべき学校が教科教育オンリーの受験体制で固められているとすれば，主役たる子どもたちは被害者になってしまいそうだ。学びの喜び，創る楽しみを幼い頃からしっかり体得していなければ，21世紀激動の世の中を生きぬくことは困難だろう。

教科外活動論の講義内容として筆者が重視したのは文化活動と自治能力の養成である。学校生活で体験してきた学級づくりとか体育祭・文化祭・修学旅行・生徒会活動等々の諸活動は，社会人となったとき必ず役に立つ。この点を教師の卵たちがしっかり理解してくれたら，子どもたちは今よりもっと生き生きと学び合い，幸せになれるであろう。

学生たちの声に少し耳を傾けてみたい。

「ふだんの生活と教育の場の間にドッカリと壁があるような気がします。」
「今の教師は学力主義の世の中と生涯学習の狭間で苦しんでいます。」
「近年，生涯学習が叫ばれてきたのは学校教育の行き詰まりによるものだという先生の考えは新鮮でした。」
「全世代が互いに学び合うのが理想的な社会だと理解しました。」

　教科活動も教科外活動も，大人の次元では同じである。生涯学習とは，従来の学校教育と社会教育を止揚統合した概念だ，と筆者は理解している。私たちが求めている文化内容は真（学問）・善（道徳）・美（芸術）を核にして，経済や福祉・健康，政治，労働，観光すべてを網羅した総合的なものである。仁愛に満ちた宗教や哲学がすべての価値を程よく調和させ，明るい社会，平和な世界を築くための力を全人類に与えてくれることだろう。文化や自治をキーワードにして感動や自発性を大切にする学習が今求められている。生涯学習社会はその力を発揮させるための舞台といえよう。

(2)　理論と実践の調和

　現代教育の扉を開くにあたって「これからの学習支援」を考えてみると，その成果のめざすところは「理論と実践の調和」にたどりつく。広く教育学に求められているのは実践力であろう。鹿児島では島津日新公作の「いろは歌」があり数百年の時空を越えて語り継がれている。「古への道を聞きても唱へてもわが行ひにせずば甲斐なし」に始まるが，温故知新の哲学を表現している名歌集である。中世，薩南学派の祖，桂庵玄樹の教えが反映しているという。

　教育現場に生きるためには，与えられた舞台で，関係分野の歴史や地域の伝統をふまえて，息の長い人生設計を立て，真摯な態度で子どもたちに接する気持ちが大切である。教育の世界では古くから学校教育と社会教育があり，現代は「生涯学習」の名のもとに，全世代が学び合う態度を要求されているわけだが，「教育」そのものの意義を吟味してみると，指導や支援といった表現のなかで次代への文化形成が説かれている。しかし，単に学び合うといっても，

第8章 これからの学習支援

年齢相応に大人から子どもへの「指導」はなければならない。いっぽう，行政は教育環境の条件整備で力を発揮するのが本務であろうが，近代教育の反省に立てば，現場の教師たちが伸々と専門能力を発揮できるように「支援」すべきだと思う。一般行政においても教育行政的スタンスがあってしかるべきだと考える。政治や経済は「縁の下の力持ち」に徹してほしいものだ。

さて，理論と実践の調和を課題とするとき，筆者の脳裡にまず浮かぶ人は二宮尊徳である[29]。彼は，天地人三才の徳に報ゆるため，至誠・勤労・分度・推譲という四つの道を示した。独自の体験と思索によって神儒仏正味一粒丸の「報徳訓」をつくった。その結論は「道徳と経済の合一」という思想である。筆者は霧島山麓の片隅で瑞穂の国の民として米づくりに精を出すこと30余年，小中学生時代の原体験をもとに次世代への文化伝達に努力している。稲の生育過程は子育てに類似しており，施肥施薬の時期を間違えば効果僅少となる。

農業体験から学んだことは「いのち」であった。光や空気，水や土，さらに農村特有の結の精神，仲間づくり・ムラづくりの大切さである。食文化の一角には食事のマナー，食物への感謝が存在する。学校給食に「地産地消」を取り入れた実践も見せてもらった。家族だんらんのなかで食事を楽しむ時間を考えるうちに，ゴミ問題を解決する第一歩は家庭教育の一角にあることを自覚した。環境浄化運動はその延長線上にあるといわねばならない。

「もったいない」「ありがたい」という日本語特有の表現（主唱者はWorld Education Fellowshipの片山清一氏）が，世界中に普及しようとしている。質素倹約という美徳をどこで育て維持発展させるか，教育者の責任は大きい。

生涯学習と並んで「全人教育」を指針にしている公共団体も多い[30]。教育活動の柱におくべきスローガンの一つといえるかもしれない。人格の完成をめざし，知・徳・体という三育の揃った人間教育の道場が学校なのであろう。

大正デモクラシーのころに「全人教育」を唱え，戦前戦後の教育界に大きな足跡を残した小原国芳の理論にも注目してみたい[31]。彼は，真善美聖健富といった諸価値を統合しながら正反合を円にして「全人教育」を提唱した。学問・

道徳・芸術・宗教・健康・経済がコスモスの花のような調和のとれた小宇宙になる人格形成をめざしたのである。

「反対の合一」という教育理論も注目される。合一の最たるものに農村と都市の合一があげられよう。本来，人類は農耕社会を経て都市文明を育ててきたのである。混迷せる現代世相を改善するためには，初心忘れることなく，それぞれの原点に帰って，活路を見出さねばならない。ルネサンスとは原点回帰の謂(いい)であると教えられた。

大学制度を回顧すれば，戦後まっ先に育てられた「教養教育」を再度復活したい気がする[32]。復活しないまでも教養なる言葉にこめられた先人の知恵を活用・伝承してこそ大学人にふさわしい学問的雰囲気が醸成できそうだ。

学問といえば堅牢にして難解なものであると思いがちであるが，「学びの喜び」を体得した者にとっては日常茶飯事であり，研究対象は生活の随所に転がっている。さりとて，学問の道を安易に考えてはなるまい。日常の学びのなかから未来への展望を見出したとき，真に学問を体得したことになるのではなかろうか。過去と他者は変えられないが，自己と未来は変えられる。私たちはより良き未来を生きるために，近い過去をふくめて歴史や文化に心を寄せることが肝要なのだ。

『児童相互力学』[33]の著者は「理論なき実践は盲目であり，実践なき理論は空虚である。理論と実践，この両者を子どもたちのために調整し発展させたい」といっている。Sollen（理想）と Sein（現実）を哲学的・歴史的に同時進行で学問に励む姿勢が，今，すべての人間に求められているかもしれない。

注
1) 二見剛史「"児童の世紀"考」（志學館大学文学部『研究紀要』第 21 巻第 2 号，2000 年）。
2) 森山沾一「日本・中国　子どもの行方——日中学術共同調査から見えてきたもの——」（九州教育学会第 51 回沖縄大会総合部会　1999.11.27 のレジメ所収）。
3) 土戸敏彦「20 世紀〈子ども〉再考」前掲レジメ。

4) 国立教育研究所編『日本近代教育百年史』(全10巻), 1974年。
5) 鹿毛基生・佐藤尚子『人間形成の歴史と本質』学文社, 1998年, 124頁。
6) 同上書, 152頁。
7) 同上書, 152～153頁。
8) 同上書, 2頁。
9) 小澤周三編『教育学・キーワード』有斐閣, 1990年, 200～201頁。
10) 同上書24～25頁には, フレーベルの思想が「幼児期において遊びと学習との区別はできないほどに密接な関連をもっている」と紹介されている。
11) 野村新・二見剛史編著『いのちを輝かす教育』一莖書房, 1996年, 97頁。
12) 久保田喬彦『父椋鳩十物語』(理論社, 1997年, 179頁)には,「母と子の二十分間読書運動」とある。
13) 注9) 前掲書, 114頁。
14) 佐藤尚子・大林正昭編『日中比較教育史』春風社, 2002年。
15) 「生きる力」を育てるという観点が最初に提唱されたのは, 1996年の中央教育審議会第一次答申「21世紀を展望した我が国の教育の在り方について」である。
16) 社会教育連合会編『父母と先生の会――参考規約とその解説』(1949年)の10頁には,「子供の幸福を念願するがゆえに, 親の名に値する親, 先生の名に値する先生になろうとする切実な気持も起り, 正しい市民としての自覚も生れてくる」という表現でPTA活動の源泉に「子供への愛」を求めている。
17) 注9) 前掲書, 113頁。
18) 同上書, 210～211頁。
19) 注11) 前掲書, 278頁。
20) 注9) 前掲書, 53頁。
21) 荒川智「学校教育とこころの問題」『教育学(新体系看護学基礎科目)』メヂカルフレンド社, 2006年, 174頁。
22) 二見剛史・野村新編著『新しい知の世紀を生きる教育』一莖書房, 2001年, 132頁。
23) 川勝平太『文化力・日本の底力』ウェッジ, 2006年。
24) 『教育新世界』No.49, 2001年。
25) 「学校臨床教育学の課題を探る」『鹿児島新報』2001年11月9日付。
26) 福岡市立赤坂小学校『先を見る教育, 学びのカリキュラム』上・下巻, 2006年。
27) 高橋浩「学校臨床学とは何か」志學館大学生涯学習センター編『教師は子どものために何ができるのか』2002年, 73～80頁。
28) 二見剛史『霧島市の誕生』国分進行堂, 2006年, 58～60頁。
29) 同上書, 37頁。
30) 『鹿児島県の教育行政』平成19年度版。
31) 注28) 前掲書, 120～121頁。
32) 二見剛史「Fair pledges of a fruitful tree !!」『青春群像さようなら六本松』2009年, 248頁。
33) 山口敬正『児童相互力学』学苑社, 1976年。

資料

学事奨励に関する被仰出書
1872（明治5）年　太政官布告214

人々自ら其身を立て其産を治め其業を昌にして以て其生を遂るゆゑんのものは他なし身を脩め智を開き才芸を長ずるによるなり而て其身を脩め知を開き才芸を長ずるは学にあらざれば能はず是れ学校の設あるゆゑんにして日用常行言語書算を初め士官農商百工技芸及び法律政治天文医療等に至る迄凡人の営むところの事学あらさるはなし人能く其才のあるところに応じ勉励して之に従事ししかして後初て生を治め産を興し業を昌にするを得べしされは学問は身を立てる財本ともいふべきものにして人たるもの誰か学ばずして可ならんや夫の道路に迷ひ飢餓に陥り家を破り身を喪の徒の如きは畢竟不学よりしてかかる過ちを生ずるなり従来学校の設ありてより年を歴ること久しといへども或は其道を得ざるよりして人其方向を誤り学問は士人以上の事とし農工商及婦女子に至つては之を度外におき学問の何物たるを弁ぜず又士人以上の稀に学ぶものも動もすれば国家の為にすと唱へ身を立るの基たるを知ずして或は詞章記誦の末に趨り空理虚談の途に陥り其論高尚に似たりといへども之を身に行ひ事に施すこと能ざるもの少からず是すなわち沿襲の習弊にして文明普ねからずず才芸長ぜずして貧乏破産喪家の徒多きゆゑんなり是故に人たるものは学ばすんばあるべからず之を学ぶに宜しく其旨を誤るべからず之を依て今般文部省に於て学制を定め追々教則をも改正し布告に及ぶべきにつき自今以後一般の人民（華士族農工商及婦女）必ず邑に不学の戸なく家に不学の人なからしめん事を期す人の父兄たるもの宜しく此意を体認し其愛育の情を厚くし其子弟をして必ず学に従事せしめざるべからざるものなり　高上の学に至ては其人の材能に任かすといへども幼童の子弟は男女の別なく小学に従事せしむるものは其

父兄の職
たるべき事

但従来沿襲の弊学問は士人以上の事とし国家の為にすと唱ふるを以て学費及其衣食の用に至る迄多く官に依頼し之を給するに非ざれば学ざる事と思ひ一生を自棄するもの少からず是皆惑へるの甚しきもの也自今以後此等の弊を改め一般の人民他事を抛ち自ら奮て必ず学に従事せしむべき様心得べき事

右之通被　仰出候条地方官ニ於テ辺隅小民ニ至ル迄不洩様便宜解釈ヲ加ヘ精細申論文部省規則ニ随ヒ学問普及致候様方法ヲ設可施行事

　明治五年壬申七月　　　　　　　　　太政官

教育ニ關スル勅語
1890（明治23）年

朕惟フニ我カ皇祖皇宗國ヲ肇ムルコト宏遠ニ德ヲ樹ツルコト深厚ナリ我カ臣民克ク忠ニ克ク孝ニ億兆心ヲ一ニシテ世世厥ノ美ヲ濟セルハ此レ我カ國體ノ精華ニシテ教育ノ淵源亦實ニ此ニ存ス爾臣民父母ニ孝ニ兄弟ニ友ニ夫婦相和シ朋友相信シ恭儉己レヲ持シ博愛衆ニ及ホシ學ヲ修メ業ヲ習ヒ以テ知能ヲ啓發シ德器ヲ成就シ進テ公益ヲ廣メ世務ヲ開キ常ニ國憲ヲ重シ國法ニ遵ヒ一旦緩急アレハ義勇公ニ奉シ以テ天壤無窮ノ皇運ヲ扶翼スヘシ是ノ如キハ獨リ朕カ忠良ノ臣民タルノミナラス又以テ爾祖先ノ遺風ヲ顯彰スルニ足ラン

斯ノ道ハ實ニ我カ皇祖皇宗ノ遺訓ニシテ子孫臣民ノ俱ニ遵守スヘキ所之ヲ古今ニ通シテ謬ラス之ヲ中外ニ施シテ悖ラス朕爾臣民ト俱ニ拳々服膺シテ咸其德ヲ一ニセンコトヲ庶幾フ

日本国憲法（抄）
1946（昭和21）年公布

　日本国民は，正当に選挙された国会における代表者を通じて行動し，われらとわれらの子孫のために，諸国民との協和による成果と，わが国全土にわたつて自由のもたらす恵沢を確保し，政府の行為によつて再び戦争の惨禍が起ることのないやうにすることを決意し，ここに主権が国民に存することを宣言し，この憲法を確定する。そもそも国政は，国民の厳粛な信託によるものであつて，その権威は国民に由来し，その権力は国民の代表者がこれを行使し，その福利は国民がこれを享受する。これは人類普遍の原理であり，この憲法は，かかる原理に基くものである。われらは，これに反する一切の憲法，法令及び詔勅を排除する。

　日本国民は，恒久の平和を念願し，人間相互の関係を支配する崇高な理想を深く自覚するのであつて，平和を愛する諸国民の公正と信義に信頼して，われらの安全と生存を保持しようと決意した。われらは，平和を維持し，専制と隷従，圧迫と偏狭を地上から永遠に除去しようと努めてゐる国際社会において，名誉ある地位を占めたいと思ふ。われらは，全世界の国民が，ひとしく恐怖と欠乏から免かれ，平和のうちに生存する権利を有することを確認する。

　われらは，いづれの国家も，自国のことのみに専念して他国を無視してはならないのであつて，政治道徳の法則は，普遍的なものであり，この法則に従ふことは，自国の主権を維持し，他国と対等関係に立たうとする各国の責務であると信ずる。

　日本国民は，国家の名誉にかけ，全力をあげてこの崇高な理想と目的を達成することを誓ふ。

第11条　国民は，すべての基本的人権の享有を妨げられない。この憲法が国民に保障する基本的人権は，侵すことのできない永久の権利として，現在及び将来の国民に与へられる。

第13条　すべて国民は，個人として尊重される。生命，自由及び幸福追求に対する国民の権利については，公共の福祉に反しない限り，立法その他の国政の上で，最大の尊重を必要とする。

第14条　すべて国民は，法の下に平等であつて，人権，信条，性別，社会的身分又は門地により，政治的，経済的又は社会的関係において，差別されない。

第15条　公務員を選定し，及びこれを罷免することは，国民固有の権利である。
②　すべて公務員は，全体の奉仕者であつて，一部の奉仕者ではない。
③　公務員の選挙については，成年者による普通選挙を保障する。

第19条　思想及び良心の自由は，これを侵してはならない。

第20条　信教の自由は，何人に対してもこれを保障する。いかなる宗教団体も，国から特権を受け，又は政治上の権力を行使してはならない。
②　何人も，宗教上の行為，祝典，儀式又は行事に参加することを強制されない。
③　国及びその機関は，宗教教育その他いかなる宗教的活動もしてはならない。

第21条　集会，結社及び言論，出版その他一

切の表現の自由は，これを保障する。
② 検閲は，これをしてはならない。通信の秘密は，これを侵してはならない。
第23条 学問の自由は，これを保障する。
第25条 すべて国民は，健康で文化的な最低限度の生活を営む権利を有する。
② 国は，すべての生活部面について，社会福祉，社会保障及び公衆衛生の向上及び増進に努めなければならない。
第26条 すべて国民は，法律の定めるところにより，その能力に応じて，ひとしく教育を受ける権利を有する。
② すべて国民は，法律の定めるところにより，その保護する子女に普通教育を受けさせる義務を負ふ。義務教育は，これを無償とする。

教育基本法
2006（平成18）年法律第120号

我々日本国民は，たゆまぬ努力によって築いてきた民主的で文化的な国家を更に発展させるとともに，世界の平和と人類の福祉の向上に貢献することを願うものである。

我々は，この理想を実現するため，個人の尊厳を重んじ，真理と正義を希求し，公共の精神を尊び，豊かな人間性と創造性を備えた人間の育成を期するとともに，伝統を継承し，新しい文化の創造を目指す教育を推進する。

ここに，我々は，日本国憲法の精神にのっとり，我が国の未来を切り拓く教育の基本を確立し，その振興を図るため，この法律を制定する。

第1章 教育の目的及び理念

（教育の目的）
第1条 教育は，人格の完成を目指し，平和で民主的な国家及び社会の形成者として必要な資質を備えた心身ともに健康な国民の育成を期して行われなければならない。

（教育の目標）
第2条 教育は，その目的を実現するため，学問の自由を尊重しつつ，次に掲げる目標を達成するよう行われるものとする。
一 幅広い知識と教養を身に付け，真理を求める態度を養い，豊かな情操と道徳心を培うとともに，健やかな身体を養うこと。
二 個人の価値を尊重して，その能力を伸ばし，創造性を培い，自主及び自律の精神を養うとともに，職業及び生活との関連を重視し，勤労を重んずる態度を養うこと。
三 正義と責任，男女の平等，自他の敬愛と協力を重んずるとともに，公共の精神に基づき，主体的に社会の形成に参画し，その発展に寄与する態度を養うこと。
四 生命を尊び，自然を大切にし，環境の保全に寄与する態度を養うこと。
五 伝統と文化を尊重し，それらをはぐくんできた我が国と郷土を愛するとともに，他国を尊重し，国際社会の平和と発展に寄与する態度を養うこと。

（生涯学習の理念）
第3条 国民一人一人が，自己の人格を磨き，豊かな人生を送ることができるよう，その生涯にわたって，あらゆる機会に，あらゆる場所において学習することができ，その成果を適切に生かすことのできる社会の実現が図られなければならない。

（教育の機会均等）
第4条 すべて国民は，ひとしく，その能力に応じた教育を受ける機会を与えられなければならず，人種，信条，性別，社会的身分，経済的地位又は門地によって，教育上差別されない。
2 国及び地方公共団体は，障害のある者が，その障害の状態に応じ，十分な教育を受けられるよう，教育上必要な支援を講じなければならない。
3 国及び地方公共団体は，能力があるにもかかわらず，経済的理由によって修学が困難な者に対して，奨学の措置を講じなければならない。

第2章 教育の実施に関する基本

（義務教育）
第5条 国民は，その保護する子に，別に法律で定めるところにより，普通教育を受けさせる義務を負う。

2　義務教育として行われる普通教育は，各個人の有する能力を伸ばしつつ社会において自立的に生きる基礎を培い，また，国家及び社会の形成者として必要とされる基本的な資質を養うことを目的として行われるものとする。
3　国及び地方公共団体は，義務教育の機会を保障し，その水準を確保するため，適切な役割分担及び相互の協力の下，その実施に責任を負う。
4　国又は地方公共団体の設置する学校における義務教育については，授業料を徴収しない。
（学校教育）
第6条　法律に定める学校は，公の性質を有するものであって，国，地方公共団体及び法律に定める法人のみが，これを設置することができる。
2　前項の学校においては，教育の目標が達成されるよう，教育を受ける者の心身の発達に応じて，体系的な教育が組織的に行われなければならない。この場合において，教育を受ける者が，学校生活を営む上で必要な規律を重んずるとともに，自ら進んで学習に取り組む意欲を高めることを重視して行われなければならない。
（大学）
第7条　大学は，学術の中心として，高い教養と専門的能力を培うとともに，深く真理を探究して新たな知見を創造し，これらの成果を広く社会に提供することにより，社会の発展に寄与するものとする。
2　大学については，自主性，自律性その他の大学における教育及び研究の特性が尊重されなければならない。
（私立学校）
第8条　私立学校の有する公の性質及び学校教育において果たす重要な役割にかんがみ，国及び地方公共団体は，その自主性を尊重しつつ，助成その他の適当な方法によって私立学校教育の振興に努めなければならない。
（教員）
第9条　法律に定める学校の教員は，自己の崇高な使命を深く自覚し，絶えず研究と修養に励み，その職責の遂行に努めなければならない。
2　前項の教員については，その使命と職責の重要性にかんがみ，その身分は尊重され，待遇の適正が期せられるとともに，養成と研修の充実が図られなければならない。
（家庭教育）
第10条　父母その他の保護者は，子の教育について第一義的責任を有するものであって，生活のために必要な習慣を身に付けさせるとともに，自立心を育成し，心身の調和のとれた発達を図るよう努めるものとする。
2　国及び地方公共団体は，家庭教育の自主性を尊重しつつ，保護者に対する学習の機会及び情報の提供その他の家庭教育を支援するために必要な施策を講ずるよう努めなければならない。
（幼児期の教育）
第11条　幼児期の教育は，生涯にわたる人格形成の基礎を培う重要なものであることにかんがみ，国及び地方公共団体は，幼児の健やかな成長に資する良好な環境の整備その他適当な方法によって，その振興に努めなければならない。
（社会教育）
第12条　個人の要望や社会の要請にこたえ，社会において行われる教育は，国及び地方公共団体によって奨励されなければならない。
2　国及び地方公共団体は，図書館，博物館，公民館その他の社会教育施設の設置，学校の施設の利用，学習の機会及び情報の提供その他の適当な方法によって社会教育の振興に努めなければならない。
（学校，家庭及び地域住民等の相互の連携協力）
第13条　学校，家庭及び地域住民その他の関係者は，教育におけるそれぞれの役割と責任を自覚するとともに，相互の連携及び協力に努めるものとする。
（政治教育）
第14条　良識ある公民として必要な政治的教養は，教育上尊重されなければならない。
2　法律に定める学校は，特定の政党を支持し，又はこれに反対するための政治教育その他政治的活動をしてはならない。
（宗教教育）
第15条　宗教に関する寛容の態度，宗教に関する一般的な教養及び宗教の社会生活における地位は，教育上尊重されなければならない。
2　国及び地方公共団体が設置する学校は，特定の宗教のための宗教教育その他宗教的

活動をしてはならない。

第3章 教育行政

（教育行政）
第16条 教育は，不当な支配に服することなく，この法律及び他の法律の定めるところにより行われるべきものであり，教育行政は，国と地方公共団体との適切な役割分担及び相互の協力の下，公正かつ適正に行われなければならない。
2 　国は，全国的な教育の機会均等と教育水準の維持向上を図るため，教育に関する施策を総合的に策定し，実施しなければならない。
3 　地方公共団体は，その地域における教育の振興を図るため，その実情に応じた教育に関する施策を策定し，実施しなければならない。
4 　国及び地方公共団体は，教育が円滑かつ継続的に実施されるよう，必要な財政上の措置を講じなければならない。

（教育振興基本計画）
第17条 政府は，教育の振興に関する施策の総合的かつ計画的な推進を図るため，教育の振興に関する施策についての基本的な方針及び講ずべき施策その他必要な事項について，基本的な計画を定め，これを国会に報告するとともに，公表しなければならない。
2 　地方公共団体は，前項の計画を参酌し，その地域の実情に応じ，当該地方公共団体における教育の振興のための施策に関する基本的な計画を定めるよう努めなければならない。

第4章 法令の制定

第18条 この法律に規定する諸条項を実施するため，必要な法令が制定されなければならない。
　　　附　則（略）

学校教育法（抄）
1947（昭和22）年法律第26号（最終改正：2011年6月法律第61号）

第1章 総則

第1条 この法律で，学校とは，幼稚園，小学校，中学校，高等学校，中等教育学校，特別支援学校，大学及び高等専門学校とする。
第5条 学校の設置者は，その設置する学校を管理し，法令に特別の定のある場合を除いては，その学校の経費を負担する。
第6条 学校においては，授業料を徴収することができる。ただし，国立又は公立の小学校及び中学校，中等教育学校の前期課程又は特別支援学校の小学部及び中学部における義務教育については，これを徴収することができない。
第7条 学校には，校長及び相当数の教員を置かなければならない。
第8条 校長及び教員（教育職員免許法（昭和24年法律第147号）の適用を受ける者を除く。）の資格に関する事項は，別に法律で定めるもののほか，文部科学大臣がこれを定める。
第9条 次の各号のいずれかに該当する者は，校長又は教員となることができない。
1 　成年被後見人又は被保佐人
2 　禁錮以上の刑に処せられた者
3 　教育職員免許法第10条第1項第2号又は第3号に該当することにより免許状がその効力を失い，当該失効の日から三年を経過しない者
4 　教育職員免許法第11条第1項から第3項までの規定により免許状取上げの処分を受け，3年を経過しない者
5 　日本国憲法施行の日以後において，日本国憲法又はその下に成立した政府を暴力で破壊することを主張する政党その他の団体を結成し，又はこれに加入した者
第10条 私立学校は，校長を定め，大学及び高等専門学校にあつては文部科学大臣に，大学及び高等専門学校以外の学校にあつては都道府県知事に届け出なければならない。
第11条 校長及び教員は，教育上必要があると認めるときは，文部科学大臣の定めるところにより，児童，生徒及び学生に懲戒を加えることができる。ただし，体罰を加えることはできない。

第2章 義務教育

第16条 保護者（子に対して親権を行う者（親

権を行う者のないときは，未成年後見人）をいう。以下同じ。）は，次条に定めるところにより，子に9年の普通教育を受けさせる義務を負う。

第17条　保護者は，子の満6歳に達した日の翌日以後における最初の学年の初めから，満12歳に達した日の属する学年の終わりまで，これを小学校又は特別支援学校の小学部に就学させる義務を負う。ただし，子が，満12歳に達した日の属する学年の終わりまでに小学校又は特別支援学校の小学部の課程を修了しないときは，満15歳に達した日の属する学年の終わり（それまでの間において当該課程を修了したときは，その修了した日の属する学年の終わり）までとする。

② 保護者は，子が小学校又は特別支援学校の小学部の課程を修了した日の翌日以後における最初の学年の初めから，満15歳に達した日の属する学年の終わりまで，これを中学校，中等教育学校の前期課程又は特別支援学校の中学部に就学させる義務を負う。

③ 前二項の義務の履行の督促その他これらの義務の履行に関し必要な事項は，政令で定める。

第21条　義務教育として行われる普通教育は，教育基本法（平成18年法律第120号）第5条第2項に規定する目的を実現するため，次に掲げる目標を達成するよう行われるものとする。

1　学校内外における社会的活動を促進し，自主，自律及び協同の精神，規範意識，公正な判断力並びに公共の精神に基づき主体的に社会の形成に参画し，その発展に寄与する態度を養うこと。

2　学校内外における自然体験活動を促進し，生命及び自然を尊重する精神並びに環境の保全に寄与する態度を養うこと。

3　我が国と郷土の現状と歴史について，正しい理解に導き，伝統と文化を尊重し，それらをはぐくんできた我が国と郷土を愛する態度を養うとともに，進んで外国の文化の理解を通じて，他国を尊重し，国際社会の平和と発展に寄与する態度を養うこと。

4　家族と家庭の役割，生活に必要な衣，食，住，情報，産業その他の事項について基礎的な理解と技能を養うこと。

5　読書に親しませ，生活に必要な国語を正しく理解し，使用する基礎的な能力を養うこと。

6　生活に必要な数量的な関係を正しく理解し，処理する基礎的な能力を養うこと。

7　生活にかかわる自然現象について，観察及び実験を通じて，科学的に理解し，処理する基礎的な能力を養うこと。

8　健康，安全で幸福な生活のために必要な習慣を養うとともに，運動を通じて体力を養い，心身の調和的発達を図ること。

9　生活を明るく豊かにする音楽，美術，文芸その他の芸術について基礎的な理解と技能を養うこと。

10　職業についての基礎的な知識と技能，勤労を重んずる態度及び個性に応じて将来の進路を選択する能力を養うこと。

　　　　　　第3章　幼稚園

第22条　幼稚園は，義務教育及びその後の教育の基礎を培うものとして，幼児を保育し，幼児の健やかな成長のために適当な環境を与えて，その心身の発達を助長することを目的とする。

第23条　幼稚園における教育は，前条に規定する目的を実現するため，次に掲げる目標を達成するよう行われるものとする。

1　健康，安全で幸福な生活のために必要な基本的な習慣を養い，身体諸機能の調和的発達を図ること。

2　集団生活を通じて，喜んでこれに参加する態度を養うとともに家族や身近な人への信頼感を深め，自主，自律及び協同の精神並びに規範意識の芽生えを養うこと。

3　身近な社会生活，生命及び自然に対する興味を養い，それらに対する正しい理解と態度及び思考力の芽生えを養うこと。

4　日常の会話や，絵本，童話等に親しむことを通じて，言葉の使い方を正しく導くとともに，相手の話を理解しようとする態度を養うこと。

5　音楽，身体による表現，造形等に親しむことを通じて，豊かな感性と表現力の芽生えを養うこと。

第24条　幼稚園においては，第22条に規定する目的を実現するための教育を行うほか，

幼児期の教育に関する各般の問題につき，保護者及び地域住民その他の関係者からの相談に応じ，必要な情報の提供及び助言を行うなど，家庭及び地域における幼児期の教育の支援に努めるものとする。

第25条　幼稚園の教育課程その他の保育内容に関する事項は，第22条及び第23条の規定に従い，文部科学大臣が定める。

第26条　幼稚園に入園することのできる者は，満3歳から，小学校就学の始期に達するまでの幼児とする。

第27条　幼稚園には，園長，教頭及び教諭を置かなければならない。

② 幼稚園には，前項に規定するもののほか，副園長，主幹教諭，指導教諭，養護教諭，栄養教諭，事務職員，養護助教諭その他必要な職員を置くことができる。

③ 第1項の規定にかかわらず，副園長を置くときその他特別の事情のあるときは，教頭を置かないことができる。

④ 園長は，園務をつかさどり，所属職員を監督する。

⑤ 副園長は，園長を助け，命を受けて園務をつかさどる。

⑥ 教頭は，園長（副園長を置く幼稚園にあつては，園長及び副園長）を助け，園務を整理し，及び必要に応じ幼児の保育をつかさどる。

⑦ 主幹教諭は，園長（副園長を置く幼稚園にあつては，園長及び副園長）及び教頭を助け，命を受けて園務の一部を整理し，並びに幼児の保育をつかさどる。

⑧ 指導教諭は，幼児の保育をつかさどり，並びに教諭その他の職員に対して，保育の改善及び充実のために必要な指導及び助言を行う。

⑨ 教諭は，幼児の保育をつかさどる。

⑩ 特別の事情のあるときは，第1項の規定にかかわらず，教諭に代えて助教諭又は講師を置くことができる。

⑪ 学校の実情に照らし必要があると認めるときは，第7項の規定にかかわらず，園長（副園長を置く幼稚園にあつては，園長及び副園長）及び教頭を助け，命を受けて園務の一部を整理し，並びに幼児の養護又は栄養の指導及び管理をつかさどる主幹教諭を置

くことができる。

第28条　第37条第6項，第8項及び第12項から第17項まで並びに第42条から第44条までの規定は，幼稚園に準用する。

第4章　小学校

第29条　小学校は，心身の発達に応じて，義務教育として行われる普通教育のうち基礎的なものを施すことを目的とする。

第30条　小学校における教育は，前条に規定する目的を実現するために必要な程度において第21条各号に掲げる目標を達成するよう行われるものとする。

② 前項の場合においては，生涯にわたり学習する基盤が培われるよう，基礎的な知識及び技能を習得させるとともに，これらを活用して課題を解決するために必要な思考力，判断力，表現力その他の能力をはぐくみ，主体的に学習に取り組む態度を養うことに，特に意を用いなければならない。

第31条　小学校においては，前条第1項の規定による目標の達成に資するよう，教育指導を行うに当たり，児童の体験的な学習活動，特にボランティア活動など社会奉仕体験活動，自然体験活動その他の体験活動の充実に努めるものとする。この場合において，社会教育関係団体その他の関係団体及び関係機関との連携に十分配慮しなければならない。

第35条　市町村の教育委員会は，次に掲げる行為の一又は二以上を繰り返し行う等性行不良であつて他の児童の教育に妨げがあると認める児童があるときは，その保護者に対して，児童の出席停止を命ずることができる。

1　他の児童に傷害，心身の苦痛又は財産上の損失を与える行為
2　職員に傷害又は心身の苦痛を与える行為
3　施設又は設備を損壊する行為
4　授業その他の教育活動の実施を妨げる行為

② 市町村の教育委員会は，前項の規定により出席停止を命ずる場合には，あらかじめ保護者の意見を聴取するとともに，理由及び期間を記載した文書を交付しなければならない。

③ 前項に規定するもののほか，出席停止の命令の手続に関し必要な事項は，教育委員会

規則で定めるものとする。
④　市町村の教育委員会は，出席停止の命令に係る児童の出席停止の期間における学習に対する支援その他の教育上必要な措置を講ずるものとする。

第37条　小学校には，校長，教頭，教諭，養護教諭及び事務職員を置かなければならない。
②　小学校には，前項に規定するもののほか，副校長，主幹教諭，指導教諭，栄養教諭その他必要な職員を置くことができる。
③　第1項の規定にかかわらず，副校長を置くときその他特別の事情のあるときは教頭を，養護をつかさどる主幹教諭を置くときは養護教諭を，特別の事情のあるときは事務職員を，それぞれ置かないことができる。
④　校長は，校務をつかさどり，所属職員を監督する。
⑤　副校長は，校長を助け，命を受けて校務をつかさどる。
⑥　副校長は，校長に事故があるときはその職務を代理し，校長が欠けたときはその職務を行う。この場合において，副校長が二人以上あるときは，あらかじめ校長が定めた順序で，その職務を代理し，又は行う。
⑦　教頭は，校長（副校長を置く小学校にあつては，校長及び副校長）を助け，校務を整理し，及び必要に応じ児童の教育をつかさどる。
⑧　教頭は，校長（副校長を置く小学校にあつては，校長及び副校長）に事故があるときは校長の職務を代理し，校長（副校長を置く小学校にあつては，校長及び副校長）が欠けたときは校長の職務を行う。この場合において，教頭が二人以上あるときは，あらかじめ校長が定めた順序で，校長の職務を代理し，又は行う。
⑨　主幹教諭は，校長（副校長を置く小学校にあつては，校長及び副校長）及び教頭を助け，命を受けて校務の一部を整理し，並びに児童の教育をつかさどる。
⑩　指導教諭は，児童の教育をつかさどり，並びに教諭その他の職員に対して，教育指導の改善及び充実のために必要な指導及び助言を行う。
⑪　教諭は，児童の教育をつかさどる。
⑫　養護教諭は，児童の養護をつかさどる。
⑬　栄養教諭は，児童の栄養の指導及び管理をつかさどる。
⑭　事務職員は，事務に従事する。
⑮　助教諭は，教諭の職務を助ける。
⑯　講師は，教諭又は助教諭に準ずる職務に従事する。
⑰　養護助教諭は，養護教諭の職務を助ける。
⑱　特別の事情のあるときは，第1項の規定にかかわらず，教諭に代えて助教諭又は講師を，養護教諭に代えて養護助教諭を置くことができる。
⑲　学校の実情に照らし必要があると認めるときは，第9項の規定にかかわらず，校長（副校長を置く小学校にあつては，校長及び副校長）及び教頭を助け，命を受けて校務の一部を整理し，並びに児童の養護又は栄養の指導及び管理をつかさどる主幹教諭を置くことができる。

第5章　中学校

第45条　中学校は，小学校における教育の基礎の上に，心身の発達に応じて，義務教育として行われる普通教育を施すことを目的とする。

第46条　中学校における教育は，前条に規定する目的を実現するため，第21条各号に掲げる目標を達成するよう行われるものとする。

第49条　第30条第2項，第31条，第34条，第35条及び第37条から第44条までの規定は，中学校に準用する。この場合において，第30条第2項中「前項」とあるのは「第46条」と，第31条中「前条第1項」とあるのは「第46条」と読み替えるものとする。

第6章　高等学校

第50条　高等学校は，中学校における教育の基礎の上に，心身の発達及び進路に応じて，高度な普通教育及び専門教育を施すことを目的とする。

第51条　高等学校における教育は，前条に規定する目的を実現するため，次に掲げる目標を達成するよう行われるものとする。
1　義務教育として行われる普通教育の成果を更に発展拡充させて，豊かな人間性，創

造性及び健やかな身体を養い，国家及び社会の形成者として必要な資質を養うこと。
2　社会において果たさなければならない使命の自覚に基づき，個性に応じて将来の進路を決定させ，一般的な教養を高め，専門的な知識，技術及び技能を習得させること。
3　個性の確立に努めるとともに，社会について，広く深い理解と健全な批判力を養い，社会の発展に寄与する態度を養うこと。

第60条　高等学校には，校長，教頭，教諭及び事務職員を置かなければならない。
②　高等学校には，前項に規定するもののほか，副校長，主幹教諭，指導教諭，養護教諭，栄養教諭，養護助教諭，実習助手，技術職員その他必要な職員を置くことができる。
③　第1項の規定にかかわらず，副校長を置くときは，教頭を置かないことができる。
④　実習助手は，実験又は実習について，教諭の職務を助ける。
⑤　特別の事情のあるときは，第一項の規定にかかわらず，教諭に代えて助教諭又は講師を置くことができる。
⑥　技術職員は，技術に従事する。

第62条　第30条第2項，第31条，第34条，第37条第4項から第17項まで及び第19項並びに第42条から第44条までの規定は，高等学校に準用する。この場合において，第30条第2項中「前項」とあるのは「第51条」と，第31条中「前条第1項」とあるのは「第51条」と読み替えるものとする。

第8章　特別支援教育

第72条　特別支援学校は，視覚障害者，聴覚障害者，知的障害者，肢体不自由者又は病弱者（身体虚弱者を含む。以下同じ。）に対して，幼稚園，小学校，中学校又は高等学校に準ずる教育を施すとともに，障害による学習上又は生活上の困難を克服し自立を図るために必要な知識技能を授けることを目的とする。

第73条　特別支援学校においては，文部科学大臣の定めるところにより，前条に規定する者に対する教育のうち当該学校が行うものを明らかにするものとする。

第74条　特別支援学校においては，第72条に規定する目的を実現するための教育を行うほか，幼稚園，小学校，中学校，高等学校又は中等教育学校の要請に応じて，第81条第1項に規定する幼児，児童又は生徒の教育に関し必要な助言又は援助を行うよう努めるものとする。

第75条　第72条に規定する視覚障害者，聴覚障害者，知的障害者，肢体不自由者又は病弱者の障害の程度は，政令で定める。

第76条　特別支援学校には，小学部及び中学部を置かなければならない。ただし，特別の必要のある場合においては，そのいずれかのみを置くことができる。
②　特別支援学校には，小学部及び中学部のほか，幼稚部又は高等部を置くことができ，また，特別の必要のある場合においては，前項の規定にかかわらず，小学部及び中学部を置かないで幼稚部又は高等部のみを置くことができる。

第77条　特別支援学校の幼稚部の教育課程その他の保育内容，小学部及び中学部の教育課程又は高等部の学科及び教育課程に関する事項は，幼稚園，小学校，中学校又は高等学校に準じて，文部科学大臣が定める。

第78条　特別支援学校には，寄宿舎を設けなければならない。ただし，特別の事情のあるときは，これを設けないことができる。

第79条　寄宿舎を設ける特別支援学校には，寄宿舎指導員を置かなければならない。
②　寄宿舎指導員は，寄宿舎における幼児，児童又は生徒の日常生活上の世話及び生活指導に従事する。

第80条　都道府県は，その区域内にある学齢児童及び学齢生徒のうち，視覚障害者，聴覚障害者，知的障害者，肢体不自由者又は病弱者で，その障害が第75条の政令で定める程度のものを就学させるに必要な特別支援学校を設置しなければならない。

第81条　幼稚園，小学校，中学校，高等学校及び中等教育学校においては，次項各号のいずれかに該当する幼児，児童及び生徒その他教育上特別の支援を必要とする幼児，児童及び生徒に対し，文部科学大臣の定めるところにより，障害による学習上又は生活上の困難を克服するための教育を行うものとする。
②　小学校，中学校，高等学校及び中等教育学校には，次の各号のいずれかに該当する児童及び生徒のために，特別支援学級を置く

ことができる。
1 　知的障害者
2 　肢体不自由者
3 　身体虚弱者
4 　弱視者
5 　難聴者
6 　その他障害のある者で，特別支援学級において教育を行うことが適当なもの
③ 　前項に規定する学校においては，疾病により療養中の児童及び生徒に対して，特別支援学級を設け，又は教員を派遣して，教育を行うことができる。

児童の権利に関する条約（抄）

1989（平成元）年第44回国連総会で採択（政府訳）
（略称，「児童の権利条約」または「子どもの権利条約」）

前　文

この条約の締結国は，

国際連合憲章において宣明された原則によれば，人類社会のすべての構成員の固有の尊厳及び平等のかつ奪い得ない権利を認めることが世界における自由，正義及び平和の基礎を成すものであることを考慮し，

国際連合加盟国の国民が，国際連合憲章において，基本的人権並びに人間の尊厳及び価値に関する信念を改めて確認し，かつ，一層大きな自由の中で社会的進歩及び生活水準の向上を促進することを決意したことに留意し，

国際連合が，世界人権宣言及び人権に関する国際規約において，すべての人は人種，皮膚の色，性，言語，宗教，政治的意見その他の意見，国民的若しくは社会的出身，財産，出生又は他の地位等によるいかなる差別もなしに同宣言及び同規約に掲げるすべての権利及び自由を享有することができることを宣明し及び合意したことを認め，

国際連合が，世界人権宣言において，児童は特別な保護及び援助についての権利を享有することができることを宣明したことを想起し，

家族が，社会の基礎的な集団として，並びに家族のすべての構成員特に児童の成長及び福祉のための自然な環境として，社会においてその責任を十分に引き受けることができるよう必要な保護及び援助を与えられるべきであることを確信し，

児童が，その人格の完全なかつ調和のとれた発達のため，家庭環境の下で幸福，愛情及び理解のある雰囲気の中で成長すべきであることを認め，

児童が，社会において個人として生活するため十分な準備が整えられるべきであり，かつ，国際連合憲章において宣明された理想の精神並びに特に平和，尊厳，寛容，自由，平等及び連帯の精神に従って育てられるべきであることを考慮し，

児童に対して特別な保護を与えることの必要性が，1924年の児童の権利に関するジュネーヴ宣言及び1959年11月20日に国際連合総会で採択された児童の権利に関する宣言において述べられており，また，世界人権宣言，市民的及び政治的権利に関する国際規約（特に第23条及び第24条），経済的，社会的及び文化的権利に関する国際規約（特に第10条）並びに児童の福祉に関係する専門機関及び国際機関の規程及び関係文書において認められていることに留意し，

児童の権利に関する宣言において示されているとおり「児童は，身体的及び精神的に未熟であるため，その出生の前後において，適当な法的保護を含む特別な保護及び世話を必要とする。」ことに留意し，

国内の又は国際的な里親委託及び養子縁組を特に考慮した児童の保護及び福祉についての社会的及び法的な原則に関する宣言，少年司法の運用のための国際連合最低基準規則（北京規則）及び緊急事態及び武力紛争における女子及び児童の保護に関する宣言の規程を想起し，

極めて困難な条件の下で生活している児童が世界のすべての国に存在すること，また，このような児童が特別の配慮を必要としていることを認め，

児童の保護及び調和のとれた発達のための各人民の伝統及び文化的価値が有する重要性を十分に考慮し，

あらゆる国特に開発途上国における児童の生活条件を改善するために国際協力が重要であることを認めて，

次のとおり協定した。

第1部
第1条　この条約の適用上，児童とは，18歳未満のすべての者をいう。ただし，当該児童で，その者に適用される法律によりより早く成年に達したものを除く。
第2条　1　締約国は，その管轄の下にある児童に対し，児童又はその父母若しくは法定保護者の人種，皮膚の色，性，言語，宗教，政治的意見その他の意見，国民的，種族的若しくは社会的出身，財産，心身障害，出生又は他の地位にかかわらず，いかなる差別もなしにこの条約に定める権利を尊重し，及び確保する。
2　締約国は，児童がその父母，法定保護者又は家族の構成員の地位，活動，表明した意見又は信念によるあらゆる形態の差別又は処罰から保護されることを確保するためのすべての適当な措置をとる。
第3条　1　児童に関するすべての措置をとるに当たっては，公的若しくは私的な社会福祉施設，裁判所，行政当局又は立法機関のいずれによって行われるものであっても，児童の最善の利益が主として考慮されるものとする。
第4条　締約国は，この条約において認められる権利の実現のため，すべての適当な立法措置，行政措置その他の措置を講ずる。締約国は，経済的，社会的及び文化的権利に関しては，自国における利用可能な手段の最大限の範囲内で，また，必要な場合には国際協力の枠内で，これらの措置を講ずる。
第5条　締約国は，児童がこの条約において認められる権利を行使するに当たり，父母若しくは場合により地方の慣習により定められている大家族若しくは共同体の構成員，法定保護者又は児童について法的に責任を有する他の者がその児童の発達しつつある能力に適合する方法で適当な指示及び指導を与える責任，権利及び義務を尊重する。
第6条　1　締約国は，すべての児童が生命に対する固有の権利を有することを認める。
2　締約国は，児童の生存及び発達を可能な最大限の範囲において確保する。
第7条　1　児童は，出生の後直ちに登録される。児童は，出生の時から氏名を有する権利及び国籍を取得する権利を有するものとし，また，できる限りその父母を知りかつその父母によって養育される権利を有する。
2　締約国は，特に児童が無国籍となる場合を含めて，国内法及びこの分野における関連する国際文書に基づく自国の義務に従い，1の権利の実現を確保する。
第8条　1　締約国は，児童が法律によって認められた国籍，氏名及び家族関係を含むその身元関係事項について不法に干渉されることなく保持する権利を尊重することを約束する。
第9条　1　締約国は，児童がその父母の意思に反してその父母から分離されないことを確保する。ただし，権限のある当局が司法の審査に従うことを条件として適用のある法律及び手続に従いその分離が児童の最善の利益のために必要であると決定する場合は，この限りでない。このような決定は，父母が児童を虐待し若しくは放置する場合又は父母が別居しており児童の居住地を決定しなければならない場合のような特定の場合において必要となることがある。
第10条　1　前条1の規定に基づく締約国の義務に従い，家族の再統合を目的とする児童又はその父母による締約国への入国又は締約国からの出国の申請については，締約国が積極的，人道的かつ迅速な方法で取り扱う。締約国は，更に，その申請の提出が申請者及びその家族の構成員に悪影響を及ぼさないことを確保する。
第11条　1　締約国は，児童が不法に国外へ移送されることを防止し及び国外から帰還することができない事態を除去するための措置を講ずる。
第12条　1　締約国は，自己の意見を形成する能力のある児童がその児童に影響を及ぼすすべての事項について自由に自己の意見を表明する権利を確保する。この場合において，児童の意見は，その児童の年齢及び成熟度に従って相応に考慮されるものとする。
第13条　1　児童は，表現の自由についての権利を有する。この権利には，口頭，手書き若しくは印刷，芸術の形態又は自ら選択する他の方法により，国境とのかかわりなく，あらゆる種類の情報及び考えを求め，受け及び伝える自由を含む。

第14条 1 締約国は，思想，良心及び宗教の自由についての児童の権利を尊重する。
2 締約国は，児童が1の権利を行使するに当たり，父母及び場合により法定保護者が児童に対しその発達しつつある能力に適合する方法で指示を与える権利及び義務を尊重する。
3 宗教又は信念を表明する自由については，法律で定める制限であって公共の安全，公の秩序，公衆の健康若しくは道徳又は他の者の基本的な権利及び自由を保護するために必要なもののみを課することができる。
第15条 1 締約国は，結社の自由及び平和的な集会の自由についての児童の権利を認める。
2 1の権利の行使については，法律で定める制限であって国の安全若しくは公共の安全，公の秩序，公衆の健康若しくは道徳の保護又は他の者の権利及び自由の保護のため民主的社会において必要なもの以外のいかなる制限も課することができない。
第16条 1 いかなる児童も，その私生活，家族，住居若しくは通信に対して恣（し）意的にもしくは不法に干渉され又は名誉及び信用を不法に攻撃されない。
2 児童は，1の干渉又は攻撃に対する法律の保護を受ける権利を有する。
第17条 締約国は，大衆媒体（マス・メディア）の果たす重要な機能を認め，児童が国の内外の多様な情報源からの情報及び資料，特に児童の社会面，精神面及び道徳面の福祉並びに心身の健康の促進を目的とした情報及び資料を利用することができることを確保する。
第18条 1 締約国は，児童の養育及び発達について父母が共同の責任を有するという原則についての認識を確保するために最善の努力を払う。父母又は場合により法定保護者は，児童の養育及び発達についての第一義的な責任を有する。児童の最善の利益は，これらの者の基本的な関心事項となるものとする。
第19条 1 締約国は，児童が父母，法定保護者又は児童を監護する他の者による監護を受けている間において，あらゆる形態の身体的若しくは精神的な暴力，傷害若しくは虐待，放置若しくは怠慢な取扱い，不当な取扱い又は搾取（性的虐待を含む。）からその児童を保護するためすべての適当な立法上，行政上，社会上及び教育上の措置をとる。
第20条 1 一時的若しくは恒久的にその家庭環境を奪われた児童又は児童自身の最善の利益にかんがみその家庭環境にとどまることが認められない児童は，国が与える特別の保護及び援助を受ける権利を有する。
第21条 養子縁組の制度を認め又は許容している締約国は，児童の最善の利益について最大の考慮が払われることを確保するものとし，また，
(a) 児童の養子縁組が権限のある当局によってのみ認められることを確保する。この場合において，当該権限のある当局は，適用のある法律及び手続に従い，かつ，信頼し得るすべての関連情報に基づき，養子縁組が父母，親族及び法定保護者に関する児童の状況にかんがみ許容されること並びに必要な場合には，関係者が所要のカウンセリングに基づき養子縁組について事情を知らされた上での同意を与えていることを認定する。
第22条 1 締約国は，難民の地位を求めている児童又は適用のある国際法及び国際的な手続若しくは国内法及び国内的な手続に基づき難民と認められている児童が，父母又は他の者に付き添われているかいないかを問わず，この条約及び自国が締約国となっている人権又は人道に関する他の国際文書に定める権利であって適用のあるものの享受に当たり，適当な保護及び人道的援助を受けることを確保するための適当な措置をとる。
第23条 1 締約国は，精神的又は身体的な障害を有する児童が，その尊厳を確保し，自律を促進し及び社会への積極的な参加を容易にする条件の下で十分かつ相応な生活を享受すべきであることを認める。
2 締約国は，障害を有する児童が特別の養護についての権利を有することを認めるものとし，利用可能な手段の下で，申込みに応じた，かつ，当該児童の状況及び父母又は当該児童を養護している他の者の事情に適した援助，これを受ける資格を有する児童及び

このような児童の養護について責任を有する者に与えることを奨励し，かつ，確保する。
3　障害を有する児童の特別な必要を認めて，2の規定に従って与えられる援助は，父母又は当該児童を養護している他の者の資力を考慮して可能な限り無償で与えられるものとし，かつ，障害を有する児童が可能な限り社会への統合及び個人の発達（文化的及び精神的な発達を含む。）を達成することに資する方法で当該児童が教育，訓練，保健サービス，リハビリテーション・サービス，雇用のための準備及びレクリエーションの機会を実質的に利用し及び享受することができるように行われるものとする。

第24条　1　締約国は，到達可能な最高水準の健康を享受すること並びに病気の治療及び健康の回復のための便宜を与えられることについての児童の権利を認める。締約国は，いかなる児童もこのような保健サービスを利用する権利が奪われないことを確保するために努力する。

第25条　締約国は，児童の身体又は精神の養護，保護又は治療を目的として権限のある当局によって収容された児童に対する処遇及びその収容に関連する他のすべての状況に関する定期的な審査が行われることについての児童の権利を認める。

第26条　1　締約国は，すべての児童が社会保険その他の社会保障からの給付を受ける権利を認めるものとし，自国の国内法に従い，この権利の完全な実現を達成するための必要な措置をとる。

第27条　1　締約国は，児童の身体的，精神的，道徳的及び社会的な発達のための相当な生活水準についてのすべての児童の権利を認める。

第28条　1　締約国は，教育についての児童の権利を認めるものとし，この権利を漸進的にかつ機会の平等を基礎として達成するため，特に，
　(a)　初等教育を義務的なものとし，すべての者に対して無償のものとする。
　(b)　種々の形態の中等教育（一般教育及び職業教育を含む。）の発展を奨励し，すべての児童に対し，これらの中等教育が利用可能であり，かつ，これらを利用する機会が与えられるものとし，例えば，無償教育の導入，必要な場合における財政的援助の提供のような適当な措置をとる。
　(c)　すべての適当な方法により，能力に応じ，すべての者に対して高等教育を利用する機会が与えられるものとする。
　(d)　すべての児童に対し，教育及び職業に関する情報及び指導が利用可能であり，かつ，これらを利用する機会が与えられるものとする。
　(e)　定期的な登校及び中途退学率の減少を奨励するための措置をとる。
2　締約国は，学校の規律が児童の人間の尊厳に適合する方法で及びこの条約に従って運用されることを確保するためのすべての適当な措置をとる。
3　締約国は，特に全世界における無知及び非識字の廃絶に寄与し並びに科学上及び技術上の知識並びに最新の教育方法の利用を容易にするため，教育に関する事項についての国際協力を促進し，及び奨励する。これに関しては，特に，開発途上国の必要を考慮する。

第29条　1　締約国は，児童の教育が次のことを指向すべきことに同意する。
　(a)　児童の人格，才能並びに精神的及び身体的な能力をその可能な最大限度まで発達させること。
　(b)　人権及び基本的自由並びに国際連合憲章にうたう原則の尊重を育成すること。
　(c)　児童の父母，児童の文化的同一性，言語及び価値観，児童の居住国及び出身国の国民的価値観並びに自己の文明と異なる文明に対する尊重を育成すること。
　(d)　すべての人民の間の，種族的，国民的及び宗教的集団の間の並びに原住民である者の間の理解，平和，寛容，両性の平等及び友好の精神に従い，自由な社会における責任ある生活のために児童に準備させること。
　(e)　自然環境の尊重を育成すること。

第30条　種族的，宗教的若しくは言語的少数民族又は原住民である者が存在する国において，当該少数民族に属し又は原住民である児童は，その集団の他の構成員とともに自己の文化を享有し，自己の宗教を信仰し

かつ実践し又は自己の言語を使用する権利を否定されない。

第31条 1　締約国は、休息及び余暇についての児童の権利並びに児童がその年齢に適した遊び及びレクリエーションの活動を行い並びに文化的な生活及び芸術に自由に参加する権利を認める。

2　締約国は、児童が文化的及び芸術的な生活に十分に参加する権利を尊重しかつ促進するものとし、文化的及び芸術的な活動並びにレクリエーション及び余暇の活動のための適当かつ平等な機会の提供を奨励する。

第32条 1　締約国は、児童が経済的な搾取から保護され及び危険となり若しくは児童の教育の妨げとなり又は児童の健康若しくは身体的、精神的、道徳的若しくは社会的な発達に有害となるおそれのある労働への従事から保護される権利を認める。

第33条　締約国は、関連する国際条約に定義された麻薬及び向精神薬の不正な使用から児童を保護し並びにこれらの物質の不正な生産及び取引における児童の使用を防止するための立法上、行政上、社会上及び教育上の措置を含むすべての適当な措置をとる。

第34条　締約国は、あらゆる形態の性的搾取及び性的虐待から児童を保護することを約束する。このため、締約国は、特に、次のことを防止するためのすべての適当な国内、二国間及び多数国間の措置をとる。
 (a)　不法な性的な行為を行うことを児童に対して勧誘し又は強制すること。
 (b)　売春又は他の不法な性的な業務において児童を搾取的に使用すること。
 (c)　わいせつな演技及び物において児童を搾取的に使用すること。

第35条　締約国は、あらゆる目的のための又はあらゆる形態の児童の誘拐、売買又は取引を防止するためのすべての適当な国内、二国間及び多数国間の措置をとる。

第36条　締約国は、いずれかの面において児童の福祉を害する他のすべての形態の搾取から児童を保護する。

第37条　締約国は、次のことを確保する。
 (a)　いかなる児童も、拷問又は他の残虐な、非人道的な若しくは品位を傷つける取扱い若しくは刑罰を受けないこと。死刑又は釈放の可能性がない終身刑は、18歳未満の者が行った犯罪について科さないこと。
 (b)　いかなる児童も、不法に又は恣(し)意的にその自由を奪われないこと。児童の逮捕、抑留又は拘禁は、法律に従って行うものとし、最後の解決手段として最も短い適当な期間のみ用いること。
 (c)　自由を奪われたすべての児童は、人道的に、人間の固有の尊厳を尊重して、かつ、その年齢の者の必要を考慮した方法で取り扱われること。特に、自由を奪われたすべての児童は、成人とは分離されないことがその最善の利益であると認められない限り成人とは分離されるものとし、例外的な事情がある場合を除くほか、通信及び訪問を通じてその家族との接触を維持する権利を有すること。
 (d)　自由を奪われたすべての児童は、弁護人その他適当な援助を行う者と速やかに接触する権利を有し、裁判所その他の権限のある、独立の、かつ、公平な当局においてその自由の剥(はく)奪の合法性を争い並びにこれについての決定を速やかに受ける権利を有すること。

第38条 1　締約国は、武力紛争において自国に適用される国際人道法の規定で児童に関係を有するものを尊重し及びこれらの規定の尊重を確保することを約束する。

2　締約国は、15歳未満の者が敵対行為に直接参加しないことを確保するためのすべての実行可能な措置をとる。

3　締約国は、15歳未満の者を自国の軍隊に採用することを差し控えるものとし、また、15歳以上18歳未満の者の中から採用するに当たっては、最年長者を優先させるよう努める。

第39条　締約国は、あらゆる形態の放置、搾取若しくは虐待、拷問若しくは他のあらゆる形態の残虐な、非人道的な若しくは品位を傷つける取扱い若しくは刑罰又は武力紛争による被害者である児童の身体的及び心理的な回復及び社会復帰を促進するためのすべての適当な措置をとる。このような回復及び復帰は、児童の健康、自尊心及び尊厳を育成する環境において行われる。

索　引

[人　名]

あ行

赤井米吉　40
芦田恵之助　40
アルベルティ　6, 7
井沢修二　27
井上毅　29
イリッチ　149
ヴェイラント　97
エラスムス　7
エリクソン　149
エレン・ケイ　145
及川平治　40
オーエン　15
緒方洪庵　112
小倉金之助　40
小原国芳　40, 162
オルセン　77, 82

か行

木下竹次　40
キルパトリック　110
グールド　97
河野清丸　40
河野敏鎌　30
コメニウス　8, 107
コンドルセ　13

さ行

ザルツマン　12
澤柳政太郎　40
下中弥三郎　43
スキナー　112
スコット　26

ソクラテス　2

た行

ダ・ヴィンチ　6
高嶺秀夫　27
田中不二麻呂　28
棚橋源太郎　74
千葉命吉　40
ツィラー　109
デカルト　8
手塚岸衛　40
デューイ　40, 88, 94, 99, 110, 147

な行

西村茂樹　31, 32
西山哲次　40
野口援太郎　40

は行

パーカスト　112
ハウスクネヒト　36
バセドー　12
羽仁もと子　40
フーコー　149
福沢諭吉　24, 32, 112
プラトン　4
ブルーム　117
フレーベル　18
プロタゴラス　1
ペスタロッチ　15, 109
ペトラルカ　6
ベル　15, 111
ヘルバルト　36, 109
ホプキンス　95

ま行

牧口常三郎　74
元田永孚　29, 32
森有礼　32
モルレー　28

や行

吉田松陰　112

ら行

ライン　109
ランカスター　15, 111
ラングラン　154
ルソー　9, 147
ルター　12
ルペルチェ　14
レビンソン　97
ローレンツ　97
ロック　8

[事項]

あ行

愛知者　3
赤い鳥　41
アカデメイア　4
アスペルガー症候群　62
アメリカ教育使節団　49
生きる力　71, 153
イタリアルネサンス　6
1条校　59
一斉授業　111
一般教育学　109
一般ドイツ教育舎　18
イデア　5
いのち　155
いろは歌　161
隠者の夕暮　16
インターナショナルスクール　134
NIE　125
Education in Japan　33
エミール　10
円熟期　97
大人の幼児化　97
お雇外国人教師　27
恩物　19

か行

海外児童　129
外国語学校　27
外国語活動の新設　102
外国語としての日本語教育　136
外国人学校　142
外国人の子どもの不就学実態調査　142
改正教育令　30
改正後の教育基本法　51, 54
ガイダンス（生徒指導）　156
開智小学校　25
開発主義教授法　27
開放システム　52
カウンセリングマインド　157
科学と文化　89

索　引

学事奨励に関する被仰出書　24, 165
学習権宣言　98
学習指導案　116, 118
学習指導要領　78, 89, 102
学習障害（LD）　62
学習人口　53
学習方法論　7
各種学校　64
学制　24, 148
家政論　7
仮説の検証　95
学校運営協議会　82
　　──制度　66
学校化社会　84, 145
学校教育法　50, 169
学校行事等　90
学校制度の複線化　31
学校設置義務　55
学校評価　66
学校評議員制度　65
学校臨床学　157
家庭教育　17
　　──論　9
課程主義　56
カテキズム（教義問答書）　12
川口プラン　77
観点別評価　117
机間指導　123
基礎学力　101
基礎教科　89
技能教科　89
基本的人権　50
義務教育制度　36
教育課程（カリキュラム）　87, 88
教育基本法　50, 63, 81, 167
教育刷新委員会　50
教育実践　69
教育審議会　44
教育勅語（教育ニ関スル勅語）　32, 35, 51, 148, 166
教育に関する若干の考察　8
教育に関する法規　52
教育の機会均等　14

教育の国際化　127, 135
教育の私事化　1
教育令（自由教育令）　28
教科外活動　88, 90, 155, 159
教科外課程　89
「教科（知識重視）型」カリキュラム　95
教学聖旨　29
教材研究　115
郷土科　74
教養教育　163
勤労青年　42
クラブ活動　90
グループ学習　112
訓育　89
軍事教練　42
「経験（児童中心）型」カリキュラム　95
形成場面　95
形成評価　117
啓明会　43
コア・カリキュラム　96
後期中等教育　60
高機能自閉症　62
公教育　12
　　──の義務性　55
　　──の中立性　56
　　──の無償性　56
公共の精神　51
合自然　11
工場法　14
高等学校令　38, 42
高等女学校令　38
高等専門学校　51, 63
公民館　152
公民教育　41
功利主義　24
効力感　100
国際学校　142
国際児童権利宣言　151
国定教科書制　37
国民皆学　24
国民学校令　44
国民教育舎　14
国民国家　12

181

国民主権　50
ゴータ教育令　13
五段階教授法　110
子どもの権利条約（児童の権利に関する条約）
　　128, 151, 174
子どもの発見　11
個別学習　112
コミュニティ・スクール　66, 76, 83

さ行

サラマンカ宣言　61
産婆術　3
CIE（民間情報教育局）　88
自己教育力　100
自己形成空間　159
私塾　25
実業学校令　38
実業補習学校　46
実物授業法　26
児童教育論　8
児童憲章　150
児童中心主義　11
児童の村小学校　40
児童福祉法　59
児童労働問題　14
自発性　11
師範学校　26, 34
　　――附属小学校　40
　　――令　39
師範教育令改正　45
社会教育　43, 150
　　――法　50
自由学園　40
就学義務　55
　　――制　12
就学前教育　64
宗教改革　7
宗教的中立性　56
自由民権運動　30
授業の評価　117
熟達感　100
ジュネーブ児童権利宣言　151
生涯学習　51, 152

　　――社会　150
障害児教育　62
奨学義務　55
消極教育　10
助教法（モラトリアルシステム）　15
職業選択（教科外活動）　92
職場体験　73
初等教育　57
自律性　100
人格の完成　50
新興教育　43
紳士教育論　9
新制大学　63
診断評価　117
人類愛　23
新ルソー主義　146
スコラ哲学　7
生活共同体　69
「生活中心」の学校　77
生活綴方運動　40
政治的中立性　56
成城小学校　40
生徒の教育　129
青年学校令　46
青年訓練所　42, 46
青年前期　99
生命の連続発展　18
世界新教育運動　147
世界図絵　8, 109
世俗性　12
戦時教育令　48
専修学校　64
全人教育　40, 162
専門学校　38
　　――令　38
相関カリキュラム　96
総合的な学習の時間　70
総合評価　117
相互の連携及び協力　84
ソフィスト　1

た行

大学　63

索　引

──院　63
──令　42
大教授学　107
大正自由主義（新）教育　39
第二の誕生　99
縦軸（シーケンス）　92
タブラ・ラサ　8
玉川学園　40
探究学習　72
単元の決定　114
男女共学　14, 50
単線型学校体系　14
地域教育計画　77
地球市民　157
知的行き詰まり　4
地方分権　52
注意欠陥多動性障害（ADHD）　62
中央教育審議会　80
中学校令　38
中国帰国者（中国残留孤児）　128, 135
中国人留学生　148
中等学校令　45
中等教育学校　51, 60
中等後教育（短期高等教育）　58, 64
注入主義教育　107
勅令主義　52
直観のいろは　17
通俗教育　43
ティームティーチング（TT）　115
帝国大学　33
デジタル化　125
哲学の探究　5
寺子屋　25
伝統文化の継承　51
東京大学　27
道具教科　89
道徳教育　78
陶冶　89
徳育論争　31
特殊学級　62
特別教育活動　90
特別支援学校　55, 61
図書館　152

な行

内容教科　89
日本国憲法　50, 166
日本人学校　131
日本の法体系　54
乳児期　99
人間形成　3, 6, 21, 148
人間悟性論　8
人間の教育　18
年齢主義　56
──教育課程　96
農村地域社会学校　77
ノーマライゼーション　61

は行

白鳥の歌　16
博物館　152
働く婦人の家　152
発達障害　62
発問　121
汎愛派　12
板書　120
反対の合一　163
比較教育研究　152
避止義務　55
PTA　153
表現教科　89
表現の教育　156
品性の陶冶　109
貧民児童のための労働学校計画　9
複線型学校制度　38
プリントの作成　123
文化力　156
文政審議会　42
兵式体操　34
平和主義　50
ペスタロッチ主義　18, 27
ペタゴジー　8
偏差値重視　101
保育所（保育園）　64
豊明小学校　40
法律主義　52

183

法律に定める学校　58
ポートフォリオづくり　158
補修　73
　　――授業校　132
北方ルネサンス　7
ボランティア活動　72
本郷プラン　77

ま行

学びの喜び　145
ミニマムエッセンス　113
未来の学校　145
無知の知　2
明星学園　40
盲学校及聾唖学校令　42
モニトリアルシステム　111
問題解決学習　72
問題的場面　94
問答法　3
文部省　23

や行

遊戯　18

融合カリキュラム　96
ゆとり　87
ユネスコ　98
養護学校　62
幼児期　99
幼稚園　64
　　――令　43
横軸（スコープ）　92

ら行

ライフステージ　97, 98
リーンハルトとゲルトルート　16
リカレント教育　153
理論と実践の調和　161
臨時教育会議　41
歴史的認識　69
連携教育　69
労作　18
　　――教育　11, 40

［執筆者紹介］

佐藤　尚子　広島大学名誉教授，博士（教育学）
主要著書：『米中教育交流史研究序説』龍溪書舍1990年，『日中比較教育史』春風社2002年，『中国近現代教育文献資料集』日本図書センター2005年，『中国ミッションスクールの研究』龍溪書舍2010年。

影山　礼子　関東学院大学教授，博士（教育学）
主要著書：『成瀬仁蔵の教育思想』風間書房1994年，『女性の理系能力を生かす—専攻分野のジェンダー分析と提言』日本評論社1996年，『新時代の創造—公益の追求者・渋沢栄一』山川出版社1999年，『聖者と日本人』大明堂2000年，『女子大学の国際比較研究』文部省科学研究費報告2000年，『バプテストの歴史的貢献』関東学院大学出版会2007年，『バプテストの宣教と社会的貢献』関東学院大学出版会2009年，『東京YWCA機関誌「地の塩」総目次』文部科学省科学研究費報告2012年，他。

飯嶋　香織　神戸山手大学准教授
主要著書：「家庭環境が中学生の学習意欲に与える一考察」『早稲田大学大学院教育学研究科紀要別冊第13号』2005年，「学級規模が児童に与える影響に関する一考察」『早稲田大学大学院教育学研究科紀要別冊第14号』2007年。

今井　航　別府大学准教授，博士（教育学）
主要著書：「中国における社会教育」『日中比較教育史』春風社2002年，『中国近代における六・三・三制の導入過程』九州大学出版会2010年，「1920年代中国における中等教育再編に関する一考察—江蘇省の中等諸学校を事例に—」『別府大学紀要第52号』2011年。

蔭山　雅博　専修大学教授〈執筆者代表〉
主要著書：『近代日本のアジア教育認識』龍溪書舍2004年，『中国近現代教育文献資料集』日本図書センター2005年，『21世紀の社会認識教育に向けて』春風社2007年，『清末日本教習与中国教育近代化』雄山閣2011年。

佐藤　由美　埼玉工業大学教授，博士（教育学）
主要著書：『植民地教育政策の研究【朝鮮・1905-1911】』龍溪書舍2000年，「教育実習の事前指導に関する実践記録」『青山学院大学文学部教育学科紀要　教育研究第46号』2002年，「植民地教育令の理念と制度—朝鮮教育令の制定をめぐって—」『教育人間科学の探求』学文社2011年。

國枝　マリ　津田塾大学長，博士（教育学）〈執筆者代表〉
主要著書：「在外日本人子女における異文化接触—ニューヨークの場合」『国立教育研究所研究集録第10号』国立教育研究所1985年，『異文化接触が及ぼす影響に関する研究—社会人となった海外帰国子女の視点から』科学研究費報告2001年，「アフガニスタンの教育をめぐる一考察」『国際関係学研究No.31』津田塾大学2005年。

二見　剛史　志學館大学名誉教授
主要著書：『日本近代教育百年史』国立教育研究所1974年，『日中関係と文化摩擦』第一書房1982年，『女子教育の一源流』鹿児島女子大学1991年，『中国人留学生教育と松本亀次郎』斯文堂1992年，『新しい知の世紀を生きる教育』一莖書房2001年，『鹿児島の文教的風土』斯文堂2003年，『隼人学』南方新社2004年，『エッセー集・霧島』（3部作）国分進行堂2004, 2006, 2008年，『エッセー集・永遠に清水を』国分進行堂2011年。

新版　はじめて学ぶ教育の原理

2008 年 4 月 10 日	第 1 版第 1 刷発行
2010 年 8 月 5 日	第 1 版第 4 刷発行
2012 年 4 月 5 日	新　版第 1 刷発行
2014 年 3 月 10 日	新　版第 2 刷発行

執筆者代表　蔭山　雅博
　　　　　　國枝　マリ

発行者　田中　千津子　　〒 153-0064　東京都目黒区下目黒 3-6-1
　　　　　　　　　　　　電話　03（3715）1501 ㈹
発行所　株式会社 学文社　　FAX　03（3715）2012
　　　　　　　　　　　　http://www.gakubunsha.com

Ⓒ Masahiro KAGEYAMA, Mari KUNIEDA 2012　　印刷所　新灯印刷

乱丁・落丁の場合は本社でお取替えします。
定価は売上カード，カバーに表示。

ISBN978-4-7620-2277-7